BEATRICE AEPLI

DAS
RHABARBER-
KOCHBUCH

Mit einer Einführung
von Walter Tschümperlin

MIDENA

Die Deutsche Bibliothek - CIP-Einheitsaufnahme

Aepli Beatrice.
Das Rhabarber-Kochbuch/Aepli Beatrice. –
Küttigen/Aarau : Midena ; Augsburg : Weltbild, 1998
  ISBN 3-310-00308-6

Liebe, die durch den Magen geht,
kommt zuerst an unseren Augen
vorbei. Und da wird die Arbeit
der Fotografen zur Brücke zwischen
Rezept und Vorfreude, zwischen
Küche und Genuss, zwischen Freude
und Behaglichkeit.

Dass dies so fein gelingt, ist dem
Einfühlungsvermögen und der Kunst
meiner Freunde zuzuschreiben, den
Fotografen Evelyn und Hans-Peter König

Alleinvertrieb für Deutschland:
WELTBILD VERLAG GmbH
Steinerne Furt 68-70, 86167 Augsburg

2. Auflage 1998

© 1998 - MIDENA VERLAG GmbH, CH-5024 Küttigen/Aarau
Gestaltung Umschlag und Inhalt: Dora Hirter, Birrwil
Foodbilder: Evelyn und Hans-Peter König, Zürich
Bilder Einführungsteil: Bildnachweis beim Verlag
Satz: Kneuss Satz AG, Lenzburg
Lithos: Neue Schwitter AG, Allschwil
Druck und Bindung: Neue Stalling, Oldenburg

Printed in Germany
ISBN 3-310-00308-6

Einführung

9 Vorwort
11 Die Pflanze mit den vielen Namen
12 Die Herkunft des Rhabarbers
Aus der Geschichte der Rhabarber-Wurzel
14 Die Rhabarber-Wurzel in der Heilkunde
16 Von Heilern und Barbaren
18 Aus der Geschichte des Gemüse-Rhabarbers
19 Eine kleine Lektion in Botanik
20 Der Gemüse-Rhabarber
Der Rhabarber-Anbau
23 Die Rhabarber-Sorten
24 Die Inhaltsstoffe und ihre Bedeutung
26 Geschmack, Aroma und Farbe
27 Die Oxalsäure
28 Kochtipps

REZEPTTEIL

Pikante Gerichte

30 Kalbsleber an Rhabarbersauce
Kalbfleischstreifen an Rhabarbersauce
32 Süßsaures Schweinefleisch
33 Gemüse-Tofu-Ragout
35 Gebackene Fischfilets mit Rhabarber-Ratatouille
36 Goldbutt an Rhabarbersauce
Siedfleisch mit Rhabarber-Vinaigrette
38 Pochierte Putenbrust mit Rhabarber
39 Risotto mit Früchten und Hähnchenfleisch
40 Kabeljau auf Rhabarbersauce
Schweinekotelett mit Rhabarbergemüse

Süße Mahlzeiten

42 Rhabarber-Müsli
Rhabarber-Schnitten
44 Grieß-Soufflé mit Rhabarberkompott
45 Rhabarber-Götterspeise
47 Gefüllte Liwanzen mit Rhabarberkompott
49 Süße Rhabarber-Nudeln
Süßer Rhabarber-Reis
50 Rhabarberauflauf
51 Kaiserschmarren mit Rhabarber-Erdbeer-Kompott
52 Überbackene Pfannkuchen mit Rhabarberfüllung

Eingemachtes und Getränke

54 Rhabarber-Feigen-Marmelade
   Rhabarbersaft
56 Rhabarber-Mango-Marmelade
   Rhabarber-Relish
57 Rhabarbegeleee
   Rhabarber-Orangen-Marmelade
59 Rhabarbershake
   Rhabarberfrappé
60 Rhabarber-Erdbeer-Marmelade
   Rhabarberbowle

Gebäck

61 Rhabarberstrudel
62 Rhabarber-Schlupfer mit
   Vanillesauce
64 Rhabarbertorte
65 Gestürzter Rhabarberkuchen
66 Annas Rhabarberkuchen
68 Tarte à la Rhubarbe
69 Omas Rhabarberkuchen
71 Rhabarberkuchen mit Streusel
72 Erdbeer-Rhabarber-Pie

Desserts

73 Vanillepudding mit Rhabarberpüree
   Rhabarbercreme
74 Erdbeerbavarois mit Rhabarberkompott
76 Rhabarberparfait mit Erdbeerkompott
   Rhabarbersorbet auf Erdbeersauce
78 Rhabarberköpfchen
79 Rhabarbersuppe
81 Rhabarber-Erdbeer-Grütze
   Rhabarber-Erdbeer-Trifle
83 Panna Cotta mit Rhabarber-
   Mango-Kompott
84 Marinierte Erdbeeren mit
   Rhabarbercreme
85 Rhabarber im Ausbackteig
86 Rhabarbermousse
   Rhabarberkompott mit
   Orangenquark
88 Rhabarbergratin
   Rhabarber-Terrine
90 Karamellisierte Äpfel mit
   Rhabarber-Erdbeer-Kompott
90 Exotischer Fruchtsalat

92 Literaturhinweise

Wo nicht anders vermerkt, sind die
Rezepte für 4 Personen berechnet.

Verwendete Abkürzungen

EL = gestrichener Esslöffel
TL = gestrichener Teelöffel
ml = Milliliter
dl = Deziliter

VORWORT

Wer kennt nicht die üppig wachsenden Rhabarberbüsche in vielen Hausgärten und die grünen und roten Rhabarberstiele, die im Frühling auf jedem Gemüsemarkt angeboten werden? Sie machen Lust auf die süßsaure Marmelade und den saftigen Rhabarberkuchen. Doch viel mehr läßt sich in Großmutters Küche und Kochbüchern nicht finden.

Befasst man sich näher mit dem Rhabarber, so öffnet sich zeitlich und geografisch ein langer Weg, gepflastert mit Irrungen und Wirrungen, selbst in wissenschaftlichen und kulinarischen Quellen. Die wirklich überraschende Feststellung ist vielleicht, dass die Rhabarberwurzel seit 5000 Jahren ein bewährtes Heilmittel ist, der Stiel bei uns aber erst seit 150 Jahren als Gemüse gegessen wird. Zu den Irrungen zählt auch, dass der Rhabarber aufgrund seiner Zubereitung oft zu den Früchten gezählt wird.

Wir laden Sie ein, uns in die Welt des Rhabarbers zu begleiten.

DIE PFLANZE MIT DEN VIELEN NAMEN

Pflanze, allgemein

Familie: Polygonaceae
(Knöterichgewächs)
Unterfamilie: Polygonoideae
Tribus: Rumiceae

Botanische Namen für die Wurzel und Heilpflanze

Eine Auswahl der wichtigsten Namen aus 40 bis 50 Arten, unterteilt in 7 bis 9 Sektionen

Rheum palmatam L.
Rheum officinale Baill.
Var. palmatum L x off. Baill

Rheum sinense
Rhei sinensis radix
Rheum rhaponticum
Rheum tataricum
Rhizoma et Radix Rhei
Dahuang

Der Name wird oft durch das Herkunftsland ergänzt – wie etwa bei sinensis, rhaponticum und tataricum –, wobei sich Botaniker und Mediziner streiten, ob es sich tatsächlich um das Ursprungsland handelt.

Botanische Namen für den Gemüse-Rhabarber

Rheum rhabarbarum L.
krauser Rhabarber

Rheum undulatum
welliger Rhabarber

Rheum rhaponticum L.
Pontischer Rhabarber oder Rhapontik

Rheum ribes L.
stachelblättriger Rhabarber

Verschiedene Sprachen

Deutsch: Rhabarber
Französisch: Rhubarbe
Englisch: Rhubarb
Italienisch: Rabarbaro
Spanisch: Ruibarbo
Portugiesisch: Riubarbo
Niederländisch: Rabarber
Dänisch: Rabarber
Schwedisch: Rabarber
Finnisch: Raparperi
Norwegisch: Rabarbra
Slowenisch: Rebarbora
Tschechisch: Rebarbora
Polnisch: Rababar/Rzewien
Türkisch: Ravent

DIE HERKUNFT DES RHABARBERS

Medizinal-Rhabarber

Dank Aufzeichnungen ist es möglich, den Rhabarber über Jahrtausende zurückzuverfolgen, obwohl er sehr selten in der Geschichte auftaucht. Erstmals schriftlich erwähnt wird er um 2700 v. Chr., und zwar im Pen-King-Kräuterbuch (China); hier kann man nachlesen, dass der Rhabarber ein begehrtes Heilmittel war. Wir wissen allerdings nicht, ob der Rhabarber ursprünglich tatsächlich aus China stammt und ob er nur als Heilmittel eingesetzt wurde. Sicher ist, dass die Wurzel während über 5000 Jahren eine bewährte Medizin war. Der Rhabarber gehört in die große Familie der Knöterichgewächse und ist u.a. ein Verwandter des Sauerampfers und des Wiesenknöterichs. Man vermutet, dass er sich dank günstigen klimatischen Verhältnissen über den asiatischen Raum hinaus bis in unsere Breitengrade ansiedeln konnte. Wenn wir vom Rhabarber sprechen, müssen wir in jedem Fall zwischen der heilbringenden Wurzel und dem Gemüse (Rhabarberstiel) unterscheiden.

AUS DER GESCHICHTE DER RHABARBERWURZEL

Eine Quelle besagt, dass die als Heilmittel eingesetzte Rhabarberwurzel, für die sich nur bestimmte Rhabarberarten eignen, schon zu Christi Zeit international gehandelt wurde. Der Medizinal-Rhabarber soll aus weiten Teilen Ost- und Zentralasiens nach Europa gekommen sein; ihm folgte der Pontische Rhabarber aus dem Gebiet des Schwarzen Meers. Botaniker mögen sich streiten, ob es sich dabei um den Original-Rhabarber oder um eine Zuchtsorte gehandelt hat, von der auch unser Gemüse-Rhabarber abstammt.

Im Mittelalter verwischen sich die Spuren des Rhabarbers. Eine Aufzeichnung finden wir aber doch noch: Im Osten der Türkei werden die Blattstiele des stachelblättrigen Rheum ribes L. gesammelt und für den Verzehr an den Strassen verkauft. Sie reihen sich im 13. Jahrhundert unter die Delikatessen ein; geschmeckt haben sollen sie ähnlich unserem Garten-Rhabarber.

Der Rhabarber wurde von Marco Polo ums Jahr 1295 nach Europa gebracht. Er schrieb: «Die Chinesen ernten ihn in großen Mengen und liefern ihn in die ganze Welt». Offenbar hat es sich hier um den Arznei-Rhabarber gehandelt, welcher nach seiner Entdeckung über Smyrna (Izmir) aus der Türkei importiert wurde. Auf dem Landweg gelangte er auch mit arabischen Karawanen in den «Weltmarkt».

Im 16. Jahrhundert hatte die Rhabarberwurzel Hochkonjunktur; sie wurde als Medizin bei Geschlechtskrankheiten

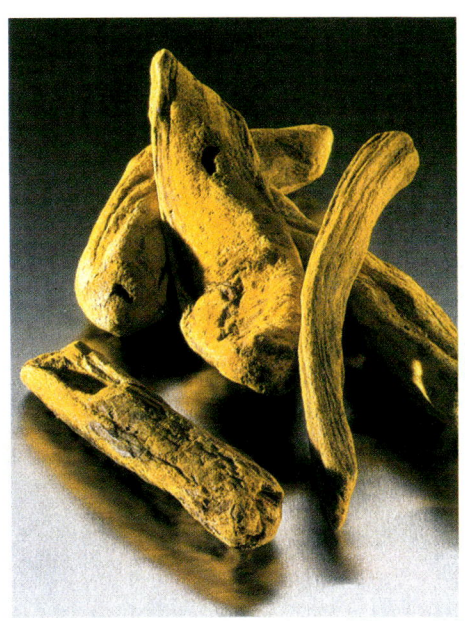

Rhabarber-Wurzel

eingesetzt. Mitte des gleichen Jahrhunderts wurde die Wurzel in England erstmals als Heilpflanze angebaut.

Unser Garten-Rhabarber wird fälschlicherweise oft Rheum rhaponticum L. oder Pontischer Rhabarber oder Rhapontik genannt. Diese Rhabarber-Sorte ist aber sehr selten und kommt nur in den Felsgebirgen des Rila Planina in Bulgarien vor. Offenbar wurde der Pontische Rhabarber von Prosper Alpinus im Botanischen Garten von Padua um 1603 auch für Kreuzungen des heutigen Gemüse-Rhabarber verwendet. So zählen nicht die Römer, aber mindestens die Italiener zu den Rhabarber-Pionieren.

Botanisch-systematisch erfasst wurden die Knöterichgewächse und damit auch der Rhabarber durch Carl von Linné (1707 – 1778), einen schwedischen Naturforscher. Ansonsten sind die geschichtlichen Erwähnungen des «Medizinal-Rhabarber» sehr bescheiden, vielleicht aber auch nur deshalb, weil sich niemand richtig mit ihm befasst hat.

Der Rhabarber taucht denn auch erst wieder Mitte des 17. Jahrhunderts in Geschichtsbüchern auf, als der russische Zar die sibirische Grenzstadt Klachta zur alleinigen Einfuhrregion für den chinesischen Rhabarber erklärte. Zudem soll Russland dank strenger Qualitätskontrollen zum wichtigsten Lieferanten Europas geworden sein. In den Jahren 1653 bis 1860 wurde der

Medizinal-Rhabarber vor allem durch die russische Regierung verkauft. Die Karawanen brachten die Droge nach Moskau, von wo sie über Petersburg auf den europäischen Markt gelangte. Wenig später dürfte in Russland und dessen Einflussgebiet Rhabarber angebaut worden sein. Man sagt, dass auch heute noch Händler alljährlich nach Kanton reisen, um die beste Qualität Rhabarber einzukaufen. Der Medizinal-Rhabarber wird aber auch in vielen anderen Gebieten angebaut. Dazu zählen Nordwestchina, Himalaya, Tibet, Mongolei, Indien, Pakistan, Nepal, Japan, Indonesien, Türkei, Bulgarien, Rumänien, Russland, Sibirien, Armenien, Syrien, Palästina, Nordamerika und Westeuropa.

DIE RHABARBER-WURZEL IN DER HEILKUNDE

Die Rhabarber-Wurzel ist seit Jahrtausenden ein bewährtes Heilmittel; sie wirkt je nach Dosierung bei Durchfall und Verstopfung, zudem regt sie den Appetit an und ist allgemein verdauungsfördernd und appetitanregend.

In Asien, vor allem aber in China und Tibet, wird die Droge bei Gelbsucht, geröteten Augen, geschwollenem Rachen, Darmproblemen, Blutungen in den oberen Verdauungswegen, Nasen- und Mundblutungen, Unterleibsschmerzen, Furunkeln und Karbunkeln, Hautgeschwüren sowie Sturz- und Schlagverletzungen eingesetzt; äußerlich braucht man sie für die Behandlung von Brandwunden und Hautkrankheiten.

In Frankreich gibt man zahnenden Kindern Rhabarber-Wurzel, und in Indonesien wird sie für die Behandlung von Malaria und «tropischem Husten» eingesetzt.

Die in der Wurzel enthaltenen Wirkstoffe werden auch in der Homöopathie und in der Spagyrik eingesetzt. «Hagers Handbuch der Pharmazeutischen Praxis» widmet dem Medizinal-Rhabarber 26 Seiten! Zu den wichtigsten Inhaltsstoffen zählen Anthraderivate wie Rhein, Rhaponticin und Emodin sowie Gerbstoffe.

Die Rhabarber-Wurzel-Produkte

Die Rhabarberwurzel wird im Handel als Trockenprodukt angeboten, sie ist als Pulver und gekörnt erhältlich. Beide Produkte werden vorrangig für die Teezubereitung empfohlen.

Es gibt eine Reihe von Präparaten, z.B. Pillen, Dragees, Tinkturen, Elixiere, Essenzen, manchmal in Kombination mit Alkohol, welche Wirkstoffe aus der Rhabarberwurzel enthalten. Häufig findet man sie in Verbindung mit Aloe, Senna, Angelika, Enzian, Ingwer, Minze, aber auch mit Kardamom- und Korianderöl.

Der Rhabarber-Tee – ein Heilmittel

Pulver und Körner der Rhabarberwurzel sind in jeder Apotheke und Drogerie erhältlich. Die Zubereitung ist sehr einfach, und die gewünschte Wirkung wird über die Dosierung reguliert. Der Rhabarber-Tee ist in jedem Fall appetitanregend und verdauungsfördernd.

Bei Verstopfung

3 – 5 g Rhabarber-Wurzel-Pulver oder Rhabarber-Wurzel-Körner mit 100 ml/ 1 dl heißem Wasser übergießen, 10 bis 15 Minuten ziehen lassen, abseihen. Mehrmals täglich oder vor dem Schlafengehen schluckweise trinken.

Bei Durchfall

2 g Rhabarber-Wurzel-Pulver oder Rhabarber-Wurzel-Körner mit 1/2 l kochendem Wasser übergießen, 10 bis 15 Minuten ziehen lassen, abseihen. Mehrmals täglich schluckweise oder löffelweise trinken.

Homöopathie

Indikation: Magen-Darm-Beschwerden, Durchfall bei Kindern und Säuglingen, Sommer-Durchfall, Darmkolik, Gärungsblähungen, schleimiger und saurer Durchfall, Schmerzen während des Zahnens, für unruhige, weinerliche und jammernde Kinder.

Spagyrik

Indikation: Leberleiden, Pfortaderstau, Gallenentzündung, Gallensteinbildung, Gelbsucht, Durchfall mit Krampfkolik, Hämorrhoiden, Hirnreizung infolge Darmbeschwerden oder Giftstoffen im Darm.

> Die Rhabarberwurzel ist ein Heilmittel. Bei Fragen wende man sich an den Hausarzt, den Apotheker oder Drogisten oder an eine ausgewiesene Fachperson.

VON HEILERN UND BARBAREN

Eine sonderliche Geschichte ist es schon, wie der Rhabarber zu seinem Namen gekommen sein soll. Nicht wenige Fachleute haben ihre Zweifel. So vertritt einer folgende Ansicht: Von China gelangte der Rhabarber zunächst ins russische Zarenreich, und die Römer sollen ihn deshalb «rheum barbarum» genannt haben, weil er «von den Barbaren» kam. Ein anderer wiederum hat eine noch fantastischere Erklärung: Der Rhabarber verdankt seinen Namen den Griechen, die ihn – nicht kundig der chinesischen Sprache – den «Barbar von der Rha» genannt haben, also den Fremdling von der Rha, die heute Wolga heißt.

Der Grieche Dioskorides (1. Jahrhundert n.Chr.), einer der berühmtesten Pharmakologen des Altertums, erwähnt eine Wurzel, die «rha» oder «rheon» hieß, und über die Rha oder Wolga transportiert wurde. Es dürfte sich kaum um die chinesische Wurzel gehandelt haben, sondern um den Rapontikum, wie auch die gleichnamige Herkunftsgegend an der Wolga heißt. Da die Arzneimittellehre von Dioskorides während über 1000 Jahren maßgebend war, dürften auch die Botaniker hier den Namen mit Rheum übernommen haben, auch noch, als der chinesische Rhabarber zu uns gelangte und auch, als er zum Gemüse-Rhabarber wurde. Schließlich haben die Griechen und Römer nicht zur Zeit der russischen Zaren gelebt.

Die Historiker haben den Rhabarber offensichtlich vernachlässigt, was wir hier nicht nachholen können und müssen, wollen wir doch ein Kochbuch so weit mit Informationen begleiten, als es von allgemeinem Interesse ist. Und schließlich kennen wir den Rhabarber nicht von den Barbaren, sondern von den ersten Ärzten und Heilern.

Das Schicksal des Rhabarber stimmt philosophisch. Während Jahrtausenden hat man seine Wurzel als Medizin gegessen. Dann hat man es mit den Blättern versucht, was die Menschen nur selten überlebten. Und endlich und ganz spät erst kam man auf die Idee, dass seine eigentliche Begabung in den Stielen liegen könnte. Was sich als richtig erwies. Woran wir den Gedanken knüpfen möchten, ob es nicht viel mehr falsch eingesetzte Genies gibt, als man glaubt. Vielleicht eine erschreckende Vision: ist Beckenbauer vielleicht ein Beethoven?

Zitat aus «Essen & Trinken»

G. Sunzinger

AUS DER GESCHICHTE DES GEMÜSE-RHABARBERS

Der Gemüse-Rhabarber wird in Chroniken vor dem Mittelalter nicht erwähnt, mit Ausnahme des stacheligen türkischen Rhabarbers im 13. Jahrhundert, der kaum von Bedeutung ist. John Parkinson (1567 – 1650), Apotheker von König Jakob I., soll in seinem Garten Rhabarber angepflanzt haben, ohne ihn jedoch in der Küche verwendet zu haben.

Erst im 18. Jahrhundert entdeckte man den Rhabarberstiel als Nahrungsmittel, nachdem der Genuss der Blätter öfter seine Opfer gefordert hatte. Die Franzosen sollen zuerst auf den Geschmack gekommen sein. Ein Rezept von 1790 empfiehlt, die Stiele in Stücke zu schneiden und sie wie Stachelbeeren zu kochen.

Das Treiben und Bleichen der Stiele für die Verlängerung der Rhabarbersaison wurde Jahre später (1817) in London im Chelsea Physic Garden durch Zufall entdeckt. Zur Zeit von Mrs Beeton (um 1852) wurden in England die ersten Rezepte mit Rhabarber kreiert. In einem Kochbuch sind u.a. Kuchen, Puddings, Marmeladen und Wein aus Rhabarber zu finden.

Obwohl der Rhabarber ein «Gemeinschaftswerk» der Europäer ist, haben die Engländer zuerst verschiedene Gemüse-Rhabarber-Sorten kommerziell angebaut. Sie sind auch heute noch führend in Anbau und Zucht. Das übrige Europa entdeckte den fruchtigen Stiel Mitte des 19. Jahrhunderts. Wir lesen: «Ein Händler aus Kirchwerder – in den Vierlanden bei Hamburg – erhielt von einem Engländer ein paar Rhabarberpflanzen, versuchte sie zu veredeln und hatte – wie man sieht – Erfolg.» Heute wird der Rhabarber in vielen gemäßigten Zonen rund um den Erdball angebaut. Und auch Neuzüchtungen kommen laufend auf den Markt.

EINE KLEINE LEKTION IN BOTANIK

Der Rhabarber gehört zu einer der artenreichsten Familien der Pflanzenwelt, den Polygonaceae oder Knöterichgewächsen. Man kennt gegen 700 Arten, meist krautige Pflanzen, die rund um den Erdball im nördlich gemäßigten Klima gedeihen, als Strauch, Staude oder Kletterpflanze.

Vor rund 55 bis 36 Millionen Jahren entstand eine gewaltige Pflanzenvielfalt, auch Blumen gehörten dazu, unter anderem die Kreuzblumengewächse (Polygalaceae).Auch die Knöterichgewächse (Polygonaceae) dürften in dieser Epoche entstanden sein. Dazu zählt unter anderem auch der Sauerampfer. Die Gattung Rheum oder der uns bekannte Rhabarber dürfte erst nachher entstanden sein, und da er aus dem asiatischen Raum stammt, erst nach dem Auseinanderdriften der Kontinente.

Bis vor rund 5000 Jahren gab es nur wildwachsenden Rhabarber. Wann der Rhabarber erstmals angebaut wurde, ist unklar. Die Rhabarberwurzel als Heilmittel wird in China auch heute noch im Hochland zwischen der Wüste Gobi und dem Jangtse-kiang geerntet, vor allem im Gebirge um den Kuku-nor-See. Ernte ist zur Blütezeit in den Monaten Juli und August. Die wildwachsende Pflanze wird 20 bis 30 Jahre alt. Sie bildet in den ersten 3 bis 4 Jahren lediglich eine Grundrosette. Erst später entwickelt sich ein Blütentrieb, der nicht selten über 2 Meter hoch wird. Der echte wildwachsende Rhabarber ist also ein Riese im Vergleich zu unserem Nachfolger im Garten. Die wildwachsende Rhabarber-Art wird heute noch in vielen Ländern angebaut, was zeigt, dass sie als Heilmittel nach wie vor gefragt ist. Über kleinere Wildarten, die auch als Gemüse gegessen wurden, ist bisher nichts zu erfahren.

Aus den rund 50 Rhabarber-Arten konnte im späteren Mittelalter – vor allem in England – dank idealer Bastardierungs-Gene der Gemüse-Rhabarber gezüchtet werden und aus ihm wieder zahlreiche Sorten als vorläufiges Endprodukt.

DER GEMÜSE-RHABARBER

Im Gegensatz zum riesigen, meist fast palmenartig wachsenden Medizinal-Rhabarber mit Pfahlwurzeln ist unser Gemüse-Rhabarber von viel kleinerem Wuchs. Es handelt sich um eine sogenannte Rhizom-Staude mit knollig verdickten Wurzeln. Daraus entwickeln sich 60 bis 80 cm lange und 3 bis 8 cm dicke, glatte Stiele mit handgroßen oder noch größeren ganzrandigen, gelappten oder gewellten Blättern. Der Rhabarber blüht in den Monaten Mai und Juni. Die zahlreichen kleinen rötlichen und grünlichen Blüten bilden einen trauben- oder rispenförmigen Blütenstand, der bis 2 Meter hoch werden kann; häufig wird er vorzeitig ausgebrochen.

Der Zucht-Rhabarber wird aufgrund der Stiele in drei Sorten eingeteilt:

– grünstielig und grünfleischig; herber Geschmack, sehr sauer
– rotstielig und grünfleischig; säuerlich, leicht herber Geschmack
– rotstielig und rotfleischig (Erdbeer-Rhabarber); milder Geschmack

Die Wurzeln können sich bis 1 Meter tief in den Boden graben. Die Pflanze braucht viel Platz, mindestens einen Quadratmeter, damit sie sich gut entwickeln kann. Die Rhabarberpflanze wird 8 bis 10 Jahre alt.

DER RHABARBER-ANBAU

Im Hausgarten

Der Anbau von Rhabarber im Hausgarten ist einfach und wirklich lohnend. Die Pflanze ist langlebig, pflegeleicht, kaum auszurotten und ertragsreich. Man kauft am besten Jungpflanzen oder besorgt sich im Bekannten- oder Freundeskreis einen Wurzelteil, der mindestens einen Trieb haben muss. Die ideale Pflanzzeit ist im September und Oktober, also dann, wenn die Pflanze ihre Ruhezeit hat.

Man lockert den Boden auf einer Fläche von einem Quadratmeter so tief und gut wie möglich und legt das Wurzelstück nur wenige Zentimeter in die Erde. Das Einhacken von Kompost, Stalldung oder organischem Dünger fördert das Wachstum und den Ertrag. Der Boden sollte nährstoffreich und feucht, aber nicht staunass sein. Der Rhabarber bevorzugt einen freien, halbschattigen, aber nicht durch Bäume beschatteten Ort. In Trockenperioden braucht die Pflanze regelmäßig Wasser. Nach etwa zwei Jahren können die ersten Stiele geerntet werden. Viele Gärtner empfehlen, die Blütentriebe ab Mai auszubrechen oder zu schneiden. Andere erfreuen sich am prächtigen Blütenstand. Man sollte aber den Samen nicht ausreifen lassen, da dies die Pflanze schwächt. Bei Neuanpflanzungen oder Wiederanpflanzungen ist der Standort zu wechseln. Schädlinge und Krankheiten sind beim Rhabarber selten. Zur Erntezeit, d.h. von April bis Mitte Juli (keinesfalls später), kann man einen Drittel bis höchstens die Hälfte der Blattstiele ausbrechen (nicht schneiden).

In Plantagen

In vielen Haus- und Bauerngärten wird der Rhabarber für den Eigenbedarf und den lokalen Markt angebaut. In Plantagen findet man ihn in allen gemäßigten Zonen, vor allem aber in England und in den Niederlanden, in Deutschland, Österreich und in der Schweiz. Sogar einige tropische und subtropische Länder pflanzen heute Rhabarber an.

Klimaveränderungen und Treibhaus machen es möglich, dass der Rhabarber sogar zur Weihnachtszeit und in den Wintermonaten in die Verkaufsregale kommt. Rund die Hälfte des Rhabarbers kann dank Abdecken mit Folie/Vlies vor dem Freiland-Rhabarber geerntet werden.

Einige Zahlen

Die Zahlen bezüglich Anbau und Konsum sind kaum repräsentativ, da die Lebensmittelindustrie den Rhabarber über eigene Vertragsbauern oder Importeure einkauft, welche durch die Produzentenverbände nicht erfasst werden.

Bei den Rhabarbersorten ist ein eindeutiger Trend zu rotstieligem Rhabarber festzustellen. Besonders beliebt ist der mild-säuerliche rotstielige Rhabarber (Erdbeer-Rhabarber) mit rotem Fleisch, der aber wegen des schlechten Ertrags leider immer noch Mangelware ist.

Während in Deutschland rund 300 Hektaren Rhabarber in Plantagen angebaut werden, sind es in der Schweiz 62 Hektaren. Auch hier sank die Ernte in den letzten 20 Jahren von 1800 Tonnen auf 843 Tonnen; gleichzeitig nahm der Import von 145 auf 300 Tonnen zu. Die Schweizer sind trotz der Einbussen nach wie vor Spitzenreiter. Der in den Hausgärten angepflanzte Rhabarber ist in diesen Zahlen nicht berücksichtigt.

Der größte Teil des in Plantagen wachsenden Rhabarbers wird von der Lebensmittelindustrie aufgekauft und zu Marmelade und Kompott verarbeitet oder küchenfertig vorbereitet und tiefgefroren, z.B. für Kuchen, verkauft.

'Early Victoria'

'Timperley Early'

'Stockbridge Cropper'

'Hawkes' Champagne'

'The Sutton'

'Early Cherry'

'Cawood Castle'

DIE RHABARBER-SORTEN

Die Engländer haben als Zuchtpioniere erwartungsgemäß die meisten Sorten anzubieten, gefolgt von Deutschland, den Niederlanden und Belgien. In vielen Ländern arbeitet man unermüdlich an noch besseren Sorten. Die «Valentine M» stammt sogar aus Kanada. Der feine Weingeschmack hat einer englischen Sorte den Namen «Hawkes' Champagne» gegeben.

Wichtigste Unterscheidungsmerkmale beim Stiel sind Haut- und Fleischfarbe. «Fleischqualität», Stieldicke und Ertrag werden durch Bodenqualität, Klima, Pflege, Anbaumethode und nicht zuletzt durch das Alter beeinflusst. Der Trend zum rotfleischigen Rhabarber mit seinem fruchtigen, mild-säuerlichen Aroma ist nicht mehr zu stoppen; gilt zu hoffen, dass er bald auch den nötigen Ertrag abwirft.

Die wichtigsten Rhabarbersorten

Timperley Early
Sutton's Seedless (1893)
Frambozenrood
Stockbridge Arrow
Goliath
Mira
Valentine
Mikoot
Early Victoria (1837)
Victoria

Holsteiner Blut
Esta
Elmsblitz
Elmsjuwel
Roter Prinz

In dieser Auflistung nicht enthalten sind die vielen regionalen Züchtungen und Spezialitäten.

DIE INHALTSSTOFFE UND IHRE BEDEUTUNG

Beim Rhabarber ist der Vitamingehalt eher durchschnittlich, der Anteil an Vitamin C aber nennenswert. Bei den Mineralien dominieren Calium und Calzium. Daneben enthält der Stiel Zitronen- und Apfelsäure, Gerbstoffe, Bitterstoffe, ätherische Öle und das darmfreundliche Pektin. Die «Antrachinone», wie sie auch in Aloe und Senna vorkommen, sind mild abführend. Der kalorienarme Rhabarber kann auch für eine Entschlackungskur im Frühling wärmstens empfohlen werden. Er eignet sich für eine natürliche, sanfte Blutreinigung. Allgemein ist der Rhabarber appetitanregend und verdauungsfördernd.

Ein besonderes Kapitel (Seite 26) ist der Oxalsäure gewidmet, die immer wieder zu Kontroversen führt. Nicht immer ist die Oxalsäure bei Beschwerden verantwortlich. Es gibt eine ganze Reihe unerforschter Inhaltsstoffe, die ebenfalls Nebenwirkungen haben können. Menschen mit Neigung zu Rheuma, Arthritis, Gicht und Nierensteinen sollten eher auf Rhabarber verzichten. Auch eine Rhabarber-Allergie ist möglich.

Unser Rat an alle Rhabarberfans: Beim Rhabarberverzehr nicht übertreiben und das Gemüse keinesfalls täglich essen. Maßstab für die Menge sind in erster Linie die persönliche Konstitution sowie die mit dem Rhabarber gemachten Erfahrungen.

Die Inhaltsstoffe auf einen Blick

100 g Rhabarber enthalten:

93–95 g	Wasser
0,6 g	Eiweiß (Proteine)
0,1 g	Fett
3,3 g	Kohlenhydrate
0,5–1,0 g	Faserstoffe (Ballaststoffe)

Vitamine

- 10–29 mg Vitamin C in rohem Rhabarber
  (damit kann 40% des Tagesbedarfs gedeckt werden)
- 6 mg Vitamin C in gekochtem Rhabarber
- Vitamine B_1, B_2, B_6, E, K, Niacin, Folsäure, Pantothensäure, Biotin und Carotin in Spuren

Mineralstoffe

- 300 mg Calium (damit kann 8–10% des Tagesbedarfs gedeckt werden)
- 60 mg Calcium (damit kann 8–10% des Tagesbedarfs gedeckt werden)
- In Spuren Magnesium, Phosphor, Schwefel, Chlor, Eisen, Zink, Kupfer, Mangan, Fluor, Natrium und Jod

Weitere Inhaltsstoffe

- Gerbstoffe/Bitterstoffe
- Gerbsäure
- organische Säuren
- Apfel- und Zitronensäure
- Oxalsäure
- Pektin
- ätherische Öle
- Zucker: Glucose, Fructose
- Aroma- und Duftstoffe

Die Menge der Inhaltsstoffe kann je nach Sorte – es gibt große Unterschiede zwischen dem grün- und dem rotfleischigen Rhabarber –, Anbaugebiet und Reife stark abweichen. Ein reifer, alter Stiel enthält mehr Oxalsäure als ein frischer, junger Stiel.

GESCHMACK, AROMA UND FARBE

Es ist schwierig, das Aroma des Rhabarbers zu charakterisieren. Die Säuren sind vor allem im grünfleischigen Rhabarber so dominant, dass Geschmack, Aroma und Duft kaum wahrgenommen werden können. Dies mag auch der Grund sein, weshalb der rotstielige oder sogar rotfleischige Rhabarber die ganz grünen Stiele zu vertreiben scheint. Dafür ist der Rhabarber eine gute Grundlage für verschiedene Gewürze wie Zimt, Muskatnuss, Kardamom, Curry, Ingwer usw. und für die Kombination mit süßen oder wenig sauren Früchten. Seit die asiatischen süßsauren Saucen und Gerichte bei uns immer beliebter werden, könnte der Rhabarber auch «auf diesen Zug aufspringen».

Geschmack und Aroma

Auch sauer ist nicht immer gleich sauer. Der Rhabarbersaft kann wie reiner Essig schmecken oder, wenn er etwas milder ist, wie ein saurer Wein. Die roten Sorten haben einen leichten Erdbeer-Himbeer-Geschmack, manche Sorten erinnern an Rotwein und Trauben. Apropos Früchte: Die frühen Beeren harmonieren ausgezeichnet mit dem Rhabarber.

In Rhabarbersaft und Getränken, die auch als Aperitif, Digestiv, Bitter und Rhabarberwein erhältlich sind, entfalten sich Geschmack und Aroma wohl am besten.

Farbe

Abgesehen vom ganz grünen Rhabarber dominiert bei den beliebtesten Sorten die Farbe Rot. Der Rhabarber vereint zwei Extreme. Während «Grün-Persönlichkeiten» ausgewogen, vorsichtig und mit einem gewissen Mangel an Spontanität behaftet sind, sind die «Rot-Persönlichkeiten» aktiv, mutig, zupackend, initiativ und voller Pioniergeist. Rhabarber-Liebhaber sollen für ihr körperliches, geistiges und seelisches Wohlbefinden Gefühle und Logik ins Gleichgewicht bringen und sich immer wieder einen Moment der Ruhe und Entspannung gönnen.

Gemüse oder Frucht?

Am dritten Schöpfungstag, als der liebe Gott einen Eimer Fruchtsäure und eine Tube rote Obstfarbe übrig hatte, erfand er rasch noch den Rhabarber. Dieser aber hält sich seither ernstlich für eine Frucht und fühlt sich unter Früchten weitaus am wohlsten. Ein Irrweg des Gefühls, den kluge Köche nutzen sollten.

Zitat aus «Essen & Trinken»

DIE OXALSÄURE

Praktisch in allen Gemüse- respektive Ernährungs-Fachbüchern wird auf die schädliche Oxalsäure hingewiesen.

Während die einen ganz vom Verzehr von rohem Rhabarber abraten, empfehlen die anderen, zumindest während einer Schwangerschaft und in der Stillzeit, darauf zu verzichten.

Im Sinn einer Repetition muss festgehalten werden, dass bei Beschwerden auch andere Stoffe als die Oxalsäure als Auslöser in Frage kommen.

Die Oxalsäure ist immer, ob im gekochten oder im rohen Lebensmittel, ein Calciumräuber. 100 g roher Rhabarber enthält 500 mg Oxalsäure. 500 g roher Rhabarber werden als gefährlich eingestuft. Aber wer ißt schon 500 g Rhabarber aufs Mal, und diesen roh? Es wird immer wieder vergessen, dass Sauerampfer, Spinat, Blattmangold und Stielmangold mehr Oxalsäure enthalten als der Rhabarber.

Das reduziert die Oxalsäure

- Den Rhabarber immer kochen oder zumindest blanchieren (im kochenden Wasser überwallen); das Wasser weggießen. Durch das Kochen und Blanchieren gehen leider auch ein Teil der Vitamine und Mineralstoffe verloren.
- Frisch gepressten Rhabarbersaft stets erhitzen.
- Bei einer großen Rhabarbermenge die Stiele schälen, da die Haut am meisten Oxalsäure enthält.

Die Calziumzufuhr erhöhen

- Rhabarber mit kalziumreichen Lebensmitteln kombinieren. Erstaunlicherweise handelt es sich um Produkte, die äußerst gut zum Rhabarber passen: Milch, Jogurt, Quark, Vollkornbrot, Orange, Erdbeere, Hagebutte.

Gegendarstellung

Befürworter des rohen Rhabarbers und «lebendiger» Nahrung, z.B. Dr. Norman W. Walker oder Annegret Bohmert, empfehlen, den Stiel nur im Wasser zu konservieren.

Es beruhigt zu wissen, dass der Gemüse-Rhabarber noch nie zu einer Vergiftung geführt hat. Genießen wir also den Rhabarber mit Maß und Vernunft. Kulinarisch hat er in jedem Fall etwas zu bieten.

KOCHTIPPS UND SAISON

Metall ist Gift für den Rhabarber

Beim Verarbeiten von Rhabarber dürfen keine Metallgefässe und auch keine Alufolie verwendet werden. Die aggressive Säure kann in Verbindung mit Metall zu Geschmacksveränderungen führen.

Zucker

Bei Verwendung von rotfleischigem Rhabarber kann die Zuckermenge nach Belieben reduziert werden. Das spart einesteils Kalorien, andernteils kommt das mild-säuerliche Aroma besser zur Geltung.

Rhabarber vorbereiten und lagern

– Zarter, junger, frischer Rhabarber kann ungeschält verwendet werden (Oxalsäure, siehe Seite 27), das hat bei manchen Rezepten den Vorteil, dass das Fruchtfleisch weniger auseinanderfällt.

– Bei dicken Stielen und fester Haut und bei nicht mehr ganz frischem Rhabarber ist es von Vorteil, diesen zu schälen.

– Soll Rhabarber einige Tage gelagert werden, wird er geputzt, eventuell geschält und in ein feuchtes Tuch eingeschlagen und in den Kühlschrank gelegt. Im Tiefkühler kann der geputzte und klein geschnittene Rhabarber problemlos 6 Monate gelagert werden.

Getränke zu Rhabarber

Ist Rhabarber mit im Spiel, ist es schwierig, den geeigneten Wein zu finden. Doch auch saurer Wein und Fruchtsaft schmeckt dann plötzlich süßlich. Zu Kuchen und Marmelade passt Kaffee. Und reines Wasser ist in keinem Fall störend.

Erntezeit des Rhabarbers

Den Rhabarber sollte man ab Ende Juni nicht mehr ernten. Dafür gibt es gleich mehrere Gründe: Der Rhabarber ist dann nicht mehr so aromatisch und das Fruchtfleisch wird zäh. Beim weiteren Wachstum nimmt die Oxalsäure stark zu, so dass vom Verzehr auch aus gesundheitlicher Sicht abzuraten ist.

Rezepte

PIKANTE GERICHTE	30
SÜSSE MAHLZEITEN	42
EINGEMACHTES UND GETRÄNKE	54
GEBÄCK	61
DESSERTS	73

KALBSLEBER AN RHABARBERSAUCE

- 🌿 *350 g Rhabarber*
- 🌿 *2 EL Vollrohrzucker*
- 🌿 *2 EL Rotweinessig*
- 🌿 *150 ml/1,5 dl Apfelsaft*
- 🌿 *3 TL Demiglace oder Bratenjus-pulver*

- 🌿 *4 Kalbsleberscheiben, je 100 – 150 g*
- 🌿 *Salz, Pfeffer*
- 🌿 *1 EL Butterschmalz/Bratbutter*

1. Den Rhabarber putzen und in 2 cm lange Stücke schneiden. Den Zucker in einer Pfanne unter ständigem Rühren karamellisieren, die Rhabarberstücke bei-fügen. Mit dem Essig und Apfelsaft angießen, aufkochen und auf kleinem Feuer kurz köcheln lassen. Die Rhabar-berstücke mit einer Lochkelle aus der Sauce nehmen. Die Demiglace oder das Bratenjuspulver mit wenig Wasser an-rühren, zur Sauce geben und unter Rühren aufkochen. Die Rhabarberstücke wieder beifügen.

2. Die Kalbsleberscheiben im heißen But-terschmalz beidseitig kurz braten, dann mit Salz und Pfeffer würzen.

3. Mit der Sauce auf vorgewärmten Tellern einen Spiegel machen. Die Kalbsleber-scheiben darauf anrichten.

KALBFLEISCHSTREIFEN AN RHABARBERSAUCE

- 🌿 *100 g Rhabarber*
- 🌿 *500 g Kalbfleisch, in Streifen*
- 🌿 *1 EL Butterschmalz/Bratbutter*
- 🌿 *2 TL Vollrohrzucker*
- 🌿 *100 ml/1 dl Madeira*
- 🌿 *1 Stück frische Ingwerwurzel*
- 🌿 *150 g/1,5 dl süße Sahne/Rahm*
- 🌿 *Meersalz*
- 🌿 *Pfeffer aus der Mühle*

1. Den Rhabarber putzen und in 5 mm schmale Stückchen schneiden.

2. Das Fleisch im heißen Butterschmalz scharf anbraten, herausnehmen und warm stellen.

3. Die Rhabarberstückchen in die Fleisch-pfanne geben, mit dem Zucker bestreuen und kurz dünsten, mit dem Madeira angießen. Den Ingwer schälen und mit der Bircher-Rohkostreibe zum Fleisch reiben. Die süße Sahne angießen, aufko-chen und auf kleinem Feuer 2 bis 3 Minuten köcheln lassen. Mit Salz und Pfeffer würzen. Das Kalbfleisch zur Sauce geben, abermals erhitzen.

Abbildung hinten:
Kalbfleischstreifen an Rhabarbersauce
Abbildung vorn:
Süßsaures Schweinefleisch,
Rezept Seite 32

SÜSS-SAURES SCHWEINEFLEISCH

Marinade

- 🌿 2 EL Sojasauce, z. B. Shoyu
- 🌿 4 EL Rotweinessig
- 🌿 Meersalz
- 🌿 2 Knoblauchzehen

- 🌿 600 g mageres Schweinefleisch

- 🌿 2 Frühlingszwiebeln
- 🌿 2 gelbe Paprikaschoten/Peperoni
- 🌿 300 g Rhabarber
- 🌿 1 Stück frische Ingwerwurzel
- 🌿 3 EL kaltgepresstes Olivenöl

Sauce

- 🌿 2 EL Maisstärke
- 🌿 6 EL Orangensaft
- 🌿 2 EL Sojasauce, z. B. Shoyu
- 🌿 6 EL Rotweinessig
- 🌿 5 EL Vollrohrzucker
- 🌿 wenig Meersalz
- 🌿 200 ml/2 dl Gemüsebrühe

1. Für die Marinade Sojasauce und Rotweinessig verrühren. Mit Salz würzen und die Knoblauchzehen dazupressen. Das Fleisch in kleine Würfel schneiden, mit der Marinade mischen, 1 Stunde bei Zimmertemperatur zugedeckt marinieren.

2. Die Frühlingszwiebeln mit dem Grün in Ringe schneiden. Die Paprikaschoten halbieren, den Stielansatz und die Kerne entfernen, in Vierecke schneiden. Den Rhabarber putzen und in 3 cm lange Stücke schneiden. Die Ingwerwurzel schälen und mit der Bircher-Rohkostreibe fein reiben.

3. Das Fleisch in ein Sieb abgießen und die Marinade auffangen. Das Fleisch trocken tupfen. In einer Bratpfanne 2 Esslöffel Öl erhitzen und das Fleisch darin scharf anbraten, aus der Pfanne nehmen und warm stellen.

4. Sämtliche Zutaten für die Sauce verrühren, die aufgefangene Marinade darunter rühren.

5. Fein geschnittene Zwiebeln sowie Paprika- und Rhabarberstücke im restlichen Öl kurz dünsten. Den geriebenen Ingwer und die Sauce beifügen, aufkochen und 2 bis 3 Minuten auf kleinem Feuer köcheln lassen. Das Fleisch in der Sauce erhitzen.

Abbildung Seite 31, vorn

GEMÜSE-TOFU-RAGOUT

- 200 g Brokkoli
- 1 rote Paprikaschote/Peperoni
- 1 Kohlrabi
- 350 g Rhabarber
- 200 g Zuckerschoten/Kefen
- 250 g Tofu
- 1 Orange
- 1 Kiwi
- 4 EL kaltgepresstes Olivenöl
- 3 EL Sojasauce
- 1 kleine Zwiebel
- 2 Knoblauchzehen
- 50 ml/0,5 dl Wasser
- 4 EL Honig
- 4 EL Vollrohrzucker
- 4 EL Weißweinessig
- 2 EL Tomatenketchup
- Meersalz
- Pfeffer

1. Beim Brokkoli den Stiel abschneiden, schälen und in Stäbchen schneiden. Die Blume in Röschen teilen. Die Paprikaschote halbieren, den Stielansatz und die Kerne entfernen, quer in Streifen schneiden. Den Kohlrabi schälen und würfeln. Den Rhabarber putzen und in 3 cm lange Stücke schneiden. Die Zuckerschoten putzen. Den Tofu würfen. Die Orange oben und unten kappen, großzügig schälen. Die Filets herauslösen, indem man den Fruchthäutchen entlang schneidet. Die Kiwi schälen, längs halbieren und quer in Scheiben schneiden.

2. Die Tofuwürfel in wenig Öl kurz braten, aus der Pfanne nehmen. Mit 1 EL Sojasauce beträufeln.

3. Die Zwiebel und die Knoblauchzehen fein hacken und im heißen Öl andünsten. Brokkoliröschen und Brokkolistäbchen, Paprikastreifen, Kohlrabiwürfel, Zuckerschoten und Rhabarberstücke dazugeben und mitdünsten. Mit dem Wasser angießen. Zugedeckt auf kleinem Feuer rund 10 Minuten köcheln lassen. Restliche Sojasauce, Honig, Zucker, Essig und Ketchup darunter rühren. Aufkochen. Mit Salz und Pfeffer abschmecken. Kiwischeiben, Orangenfilets und Tofuwürfel untermischen. Nochmals erhitzen.

GEBACKENE FISCHFILETS MIT RHABARBER-RATATOUILLE

Ausbackteig

- *125 g Vollkornmehl*
- *2 TL Maisstärke*
- *2 Prisen Meersalz*
- *1 Freilandei*
- *150 ml/1,5 dl Wasser*

- *250 g Rhabarber*
- *1 TL Vollrohrzucker*
- *125 ml/1,25 dl Wasser*

- *2 rote Paprikaschoten/Peperoni*
- *1 Stück frische Ingwerwurzel*
- *100 g rote Zwiebeln*
- *1 Limone*
- *1 Zweig Koriander*

- *600 g Fischfilets*
- *Meersalz*
- *weißer Pfeffer aus der Mühle*
- *Öl zum Fritieren*

- *20 g Butter*
- *75 ml/0,75 dl Weißwein*
- *1 Prise Vollrohrzucker*

1. Für den Ausbackteig Mehl, Maisstärke und Salz mischen. Das Ei und das Wasser beifügen, zu einem glatten Teig rühren. Den Teig zugedeckt 30 Minuten quellen lassen.

2. Den Rhabarber putzen und in kleine Würfel schneiden.

3. Die Hälfte der Rhabarberwürfel zusammen mit dem Zucker und dem Wasser in einem Topf aufkochen, 5 Minuten auf kleinem Feuer köcheln lassen. Pürieren. Das Rhabarberpüree durch ein feines Sieb streichen.

4. Die Paprikaschoten halbieren, den Stielansatz und die Kerne entfernen. Den Ingwer schälen. Paprikaschoten, Ingwer und Zwiebeln sehr fein würfeln. Die Limone mit dem Sparschäler dünn abschälen, die Schale in feine Streifen schneiden. Die Korianderblättchen zupfen.

4. Die Fischfilets in Stücke schneiden. Mit Salz und Pfeffer würzen, mit dem Limonensaft beträufeln.

5. Das Fritieröl erhitzen. Die Fischstücke in den Ausbackteig tauchen und im heißen Öl ausbacken.

6. Zwiebeln, Paprika und Ingwer in der warmen Butter glasig dünsten. Rhabarberpüree, Limonenschalen und Weißwein dazugeben, aufkochen. Zum Schluss die Rhabarberstücke und den Koriander untermischen. Mit Zucker, Pfeffer und Salz würzen, weitere 2 Minuten köcheln lassen.

7. Das Rhabarber-Ratatouille zusammen mit dem fritierten Fisch auf vorgewärmten Tellern anrichten. Sofort servieren.

GOLDBUTT AN RHABARBERSAUCE

- 🍃 300 g Rhabarber
- 🍃 100 g/1 dl süße Sahne/Rahm
- 🍃 1 TL Vollrohrzucker
- 🍃 1 Limone, abgeriebene Schale und Saft
- 🍃 Meersalz
- 🍃 Pfeffer aus der Mühle

- 🍃 8 Goldbuttfilets

1. Den Rhabarber putzen und in 2 cm lange Stücke schneiden. Rhabarberstücke, süße Sahne, Zucker, abgeriebene Limonenschalen und Limonensaft in einen Topf geben. Aufkochen und mit Salz und Pfeffer abschmecken.

2. Die Fischfilets mit Salz und Pfeffer würzen, einrollen.

3. Die Fischröllchen auf die heißen Rhabarberstücke legen. Auf kleinem Feuer zugedeckt 5 Minuten pochieren.

SIEDFLEISCH MIT RHABARBER-VINAIGRETTE

für 6 Personen

- 🍃 2 l Fleischbrühe
- 🍃 1 kg Siedfleisch

- *Sauce*
- 🍃 2 EL Essig
- 🍃 4 EL kaltgepresstes Olivenöl
- 🍃 Meersalz
- 🍃 Pfeffer aus der Mühle

- 🍃 1 kleiner Rhabarberstängel
- 🍃 1 Frühlingszwiebel

1. Das Fleisch in die kochende Brühe legen, auf kleinem Feuer zugedeckt rund 90 Minuten köcheln lassen.

2. Die Zutaten für die Sauce verrühren. Den Rhabarber sehr klein würfeln.

3. Die Frühlingszwiebel mit dem Grün fein hacken. Beides zur Sauce geben.

4. Das Siedfleisch in dünne Scheiben schneiden, mit der Vinaigrette anrichten.

Abbildung:
Siedfleisch mit Rhabarber-Vinaigrette

POCHIERTE PUTENBRUST MIT RHABARBER

- 🌿 *1 Zwiebel*
- 🌿 *1 Bund Suppengrün*
- 🌿 *1 Zweig Thymian*
- 🌿 *1 Lorbeerblatt*
- 🌿 *1 Bund glatte Petersilie*
- 🌿 *1 TL schwarze Pfefferkörner*
- 🌿 *1 TL Meersalz*
- 🌿 *600 ml/6 dl Wasser*
- 🌿 *500 g Puten-/Truthahnbrust*
- 🌿 *400 g Rhabarber*
- 🌿 *150 g Schalotten*
- 🌿 *15 g Vollkornmehl*
- 🌿 *45 g zimmerwarme Butter*
- 🌿 *2 EL Vollrohrzucker*
- 🌿 *1 EL eingelegte grüne Pfefferkörner*
- 🌿 *1 Zitrone, abgeriebene Schale*

1. Die Zwiebel halbieren, zusammen mit Suppengrün, Thymian, Lorbeerblatt, Petersilie, Pfeffer, Salz und Wasser in einem Kochtopf aufkochen. Die Putenbrust in die kochende Brühe legen. Das Fleisch auf kleinstem Feuer zugedeckt 20 Minuten pochieren.

2. Den Rhabarber putzen und schräg in 1 cm lange Stücke schneiden. Die Schalotten vierteln. Das Mehl und die Butter mit einer Gabel zusammenkneten.

3. Die Putenbrust aus der Brühe nehmen und in Alufolie einpacken oder warm stellen. Die Brühe absieben.

4. Den Zucker karamellisieren. Die Schalotten und die Pfefferkörner zum Karamell geben, unter Wenden dünsten. Mit etwa 400 ml/4 dl Brühe angießen. 5 Minuten köcheln lassen, bis die Schalotten gar sind. Die Mehlbutter in Stückchen beigeben und glatt rühren. Zum Schluss die Rhabarberstücke und die abgeriebenen Zitronenschalen unterrühren. 2 Minuten köcheln lassen.

5. Mit der Sauce auf vorgewärmten Tellern einen Spiegel machen. Die Putenbrust in dünne Scheiben schneiden, auf der Rhabarbersauce anrichten.

RISOTTO MIT FRÜCHTEN UND HÄHNCHENFLEISCH

- 1 kleine Zwiebel
- 1 EL Butterschmalz/Bratbutter
- 200 g Risotto-Naturreis
- 1 Lorbeerblatt
- 200 ml/2 dl Apfelwein
- $^1/_2$ l schwache Gemüsebrühe

- 120 g getrocknete Aprikosen
- 350 g Rhabarber
- 1 Apfel
- 100 g/1 dl süße Sahne/Rahm

- 400 g Hähnchenbrustfilet, in Streifen
- Meersalz
- Pfeffer aus der Mühle
- wenig Butterschmalz/Bratbutter

- 2 EL Pinienkerne

1. Die Zwiebel fein hacken und im heißen Butterschmalz andünsten. Den Reis beifügen und glasig dünsten. Das Lorbeerblatt beifügen. Mit dem Apfelwein und der Gemüsebrühe angießen, aufkochen und auf kleinem Feuer zugedeckt rund 35 Minuten köcheln lassen. Das Lorbeerblatt entfernen.

2. Die Aprikosen in Streifen schneiden. Den Rhabarber in 2 cm lange Stücke schneiden. Den Apfel schälen, vierteln und entkernen, in Scheibchen schneiden. Sämtliche Früchte zusammen mit der süßen Sahne unter den Reis mischen. 5 Minuten köcheln lassen.

3. Die Hähnchenfleischstreifen in wenig Butterschmalz scharf anbraten. Mit Salz und Pfeffer würzen. Zusammen mit den Pinienkernen unter den Reis mischen.

Tipp: Der Risotto kann auch ohne Fleisch zubereitet werden.

KABELJAU AUF RHABARBERSAUCE

- 250 g Rhabarber
- 1 kleine Zwiebel
- 2 EL kaltgepresstes Olivenöl
- 100 ml/1 dl Rotwein
- 2 EL Vollrohrzucker
- 1 Stück frische Ingwerwurzel
- 1 TL scharfer Senf
- 1 Bund Schnittlauch

- $1/2$ l Gemüsebrühe
- 600 g Kabeljau-Filets

1. Den Rhabarber putzen und in 3 cm lange Stücke schneiden. Die Zwiebel fein hacken und im Öl glasig dünsten. Die Rhabarberstücke beigeben, mitdünsten. Mit dem Rotwein angießen. Den Zucker unterrühren und 4 Minuten auf kleinem Feuer köcheln lassen. Etwa 3 Esslöffel Rhabarber aus der Sauce nehmen und beiseite stellen.

2. Den Ingwer schälen und mit der Bircher-Rohkostreibe fein reiben. Den Ingwer und den Senf zur Sauce geben und diese pürieren. Die Rhabarberstücke wieder beifügen.

3. Die Gemüsebrühe aufkochen, die Fischfilets hineinlegen und auf kleinem Feuer zugedeckt 5 Minuten pochieren.

4. Mit der heißen Rhabarbersauce auf vorgewärmten Tellern einen Spiegel machen. Die Fischfilets darauf anrichten.

Tipp: Mit Trockenreis servieren.

SCHWEINEKOTELETT MIT RHABARBERGEMÜSE

- 4 Schweinekoteletts ohne Knochen, je 100–150 g
- Meersalz
- Pfeffer aus der Mühle
- 2 EL Butterschmalz/Bratbutter

- 2 Bund Frühlingszwiebeln
- 400 g Rhabarber
- 50 g Vollrohrzucker
- 20 g Butter
- 2 TL Sojasauce, z.B. Shoyu
- 2 EL Balsamessig
- 50 ml/0,5 dl Gemüsebrühe

1. Die Schweinekoteletts mit Salz und Pfeffer würzen. Im Butterschmalz beidseitig je 5 Minuten braten. Warm stellen.

2. Die Frühlingszwiebeln vierteln, das Grün in 3 cm lange Stücke schneiden. Den Rhabarber putzen und in 3 cm lange Stücke schneiden.

3. Den Zucker in der heißen Butter karamellisieren. Die Zwiebeln und den Rhabarber dazugeben und unter Wenden dünsten. Mit der Sojasauce, dem Essig und der Gemüsebrühe angießen, auf kleinem Feuer zugedeckt 5 Minuten köcheln lassen.

Abbildung:
Schweinekotelett mit Rhabarbergemüse

RHABARBER-MÜSLI

- 500 g Rhabarber
- 100 ml/1 dl Orangensaft
- 4 EL flüssiger Honig
- 100 g Flocken, z.B. Hafer- oder Weizenflocken
- 300 g Erdbeeren oder Walderdbeeren
- 200 g Vollmilchquark
- 2 EL Kürbiskerne

1. Den Rhabarber putzen und in 2 cm lange Stücke schneiden. Die Rhabarberstücke mit dem Orangensaft aufkochen, während rund 10 Minuten zu einem Püree kochen. Auskühlen lassen.

2. Den Honig unter das Rhabarberpüree rühren. Die Flocken dazugeben, kurz stehen lassen, damit sie Flüssigkeit aufnehmen und weich werden können.

3. Die Erdbeeren zerkleinern und mit dem Quark unter das Müsli mischen. Die Kürbiskerne darüber streuen.

RHABARBER-SCHNITTEN

- 800 g Rhabarber
- 150 g Honig

- 2 Freilandeier
- 100 ml/1 dl Milch
- 1 EL Vanillezucker
- 8 Scheiben Vollkorn-Toastbrot

- 20 g Butterschmalz/Bratbutter

1. Den Rhabarber putzen und in 4 cm lange Stücke schneiden. Die Rhabarberstücke mit dem Honig aufkochen, rund 10 Minuten zugedeckt auf kleinem Feuer weich kochen. Erkalten lassen.

2. Eier, Milch und Vanillezucker verquirlen. Die Brotscheiben darin einweichen. Im heißen Butterschmalz beidseitig braten.

4. Das Rhabarberkompott auf die warmen Brotscheiben verteilen. Sofort servieren.

Abbildung oben:
Rhabarber-Müsli
Abbildung unten:
Rhabarber-Schnitten

GRIESS-SOUFFLÉ MIT RHABARBERKOMPOTT

für 6 Personen

Soufflé

- 250 ml/2,5 dl Wasser
- 20 g Butter
- 50 g Vollrohrzucker
- 1 Prise Meersalz
- 65 g Vollkorn-Grieß
- 2 Freilandeier
- 4 EL Zitronensaft
- 2 Eiweiß

Kompott

- 750 g Rhabarber
- 125 g Johannisbeergelee
- 2 EL Vollrohrzucker
- 2 EL Mandelblättchen

1. Für das Soufflé Wasser, Butter, Zucker und Salz aufkochen. Den Grieß einrieseln lassen, unter Rühren 2 bis 3 Minuten köcheln lassen, bis sich ein Kloß gebildet hat.

2. Für das Wasserbad in einem Topf Wasser aufkochen.

3. Den Backofen auf 180 Grad vorheizen.

4. Die Eier nacheinander unter den Grieß arbeiten. Den Zitronensaft unterrühren. Das Eiweiß zu Schnee schlagen und unter die Masse heben. Die Grießmasse in die gut mit Butter ausgestrichenen Souffléförmchen füllen.

5. Das kochende Wasser in einen Bräter oder in eine ofenfeste Form gießen. Die Förmchen hineinstellen; sie sollen bis zu zwei Dritteln im Wasserbad stehen.

6. Das Soufflé im vorgeheizten Ofen auf unterstem Einschub 20 Minuten pochieren.

7. Für das Kompott den Rhabarber putzen und in 3 cm lange Stücke schneiden. Die Rhabarberstücke mit dem Johannisbeergelee und dem Zucker aufkochen, während rund 10 Minuten auf kleinem Feuer köcheln lassen.

8. Die Mandelblättchen rösten.

9. Die Grießköpfchen stürzen und anrichten, mit dem Kompott umgeben und mit den Mandelblättchen bestreuen.

RHABARBER-GÖTTERSPEISE

Vanillecreme

- 🌿 ¹/₂ l Milch
- 🌿 3 Eigelb
- 🌿 3 TL Maisstärke
- 🌿 4 EL Honig
- 🌿 1 Vanilleschote, aufgeschlitzt
- 🌿 200 g/2 dl süße Sahne/Rahm oder Halbrahm

Kompott

- 🌿 1 kg Rhabarber
- 🌿 50 ml/0,5 dl Fruchtsaft
- 🌿 125 g Vollrohrzucker
- 🌿 1 Zitrone, abgeriebene Schale
- 🌿 6 dünne Scheiben Zopfbrot oder Einback

1. Für die Vanillecreme Milch, Eigelb, Maisstärke und Honig in einem Topf glatt rühren. Das ausgekratzte Vanillemark und die Schoten dazugeben. Auf mittlerem Feuer unter stetem Rühren aufkochen, den Topf von der Wärmequelle nehmen und kurz weiterrühren. Die Vanillecreme auskühlen lassen, immer wieder rühren, damit sich keine Haut bilden kann. Die Schote entfernen.

2. Die süße Sahne steif schlagen und sorgfältig unter die Creme ziehen.

3. Den Rhabarber putzen und in 4 cm lange Stücke schneiden. Rhabarberstücke, Fruchtsaft, Zucker und abgeriebene Zitronenschalen aufkochen, während rund 15 Minuten auf kleinem Feuer zugedeckt zu einem Kompott kochen. Abkühlen lassen.

4. Die Zopfscheiben abwechselnd mit dem Rhabarbermus und der Vanillecreme in eine Schüssel füllen. Mit der Creme abschließen.

GEFÜLLTE LIWANZEN MIT RHABARBERKOMPOTT

für 6 Personen

Quarkcreme

- 300 g Sahne-/Rahmquark
- 2 Orangen, abgeriebene Schale
- 1 Zitrone, abgeriebene Schale
- 60 g Vollrohrzucker
- 2 EL Grand Marnier, nach Belieben

Liwanzen

- 150 g Dinkel-Weißmehl
- 50 g Maisstärke
- 50 g Vollrohrzucker
- 1 Prise Meersalz
- 10 g Hefe
- 200 ml/2 dl lauwarme Milch
- 20 g flüssige Butter
- 1 Freilandei
- je 25 g Orangeat und Zitronat

Kompott

- 500 g Rhabarber
- 1/2 l Rotwein
- 1 Vanilleschote, aufgeschlitzt
- 125 g Vollrohrzucker
- 1 Zimtstange
- 1 TL Maisstärke
- 2 EL Wasser

- Butterschmalz/Bratbutter z. Backen
- Staubzucker für die Garnitur

1. Für die Quarkcreme alle Zutaten gut verrühren. Kühl stellen.

2. Für die Liwanzen Mehl, Maisstärke, Zucker und Salz in einer Schüssel mischen. Die Hefe in 3 Esslöffeln Milch auflösen, mit den übrigen Zutaten unter die Mehlmischung rühren. Den Teig während 10 Minuten mit einer Teigkelle kräftig schlagen. 1 Stunde zugedeckt ruhen lassen.

3. Den Rhabarber putzen und in 1 cm lange Stücke schneiden. Rotwein, ausgekratztes Vanillemark, Vanilleschote, Zucker und Zimtstange aufkochen. Die Rhabarberstücke beifügen und 5 Minuten auf kleinem Feuer köcheln lassen, mit einer Lochkelle heraus nehmen.

4. Den Rotwein bei starker Hitze auf die Hälfte einkochen lassen. Die Zimtstange entfernen. Die Maisstärke mit dem Wasser verrühren, in den Rotwein rühren und weitere 10 Minuten auf kleinem Feuer köcheln lassen. Die Rhabarberstücke dazugeben.

5. Für die Liwanzen das Butterschmalz erwärmen. Für jedes Küchlein einen kleinen Schöpflöffel Teig in die Pfanne geben. Die Küchlein von etwa 8 cm Durchmesser beidseitig je 3 Minuten backen. Etwas unförmige Küchlein können mit einem Förmchen rund ausgestochen werden.

6. Auf die Hälfte der Liwanzen die Quarkcreme streichen. Mit der zweiten Liwanze decken.

7. Die Liwanzen zusammen mit dem Rhabarberkompott auf Tellern anrichten. Mit dem Staubzucker bestäuben.

SÜSSE RHABARBER-NUDELN

- 🌿 400 g Rhabarber

- 🌿 1,2 l Milch
- 🌿 100 g Vollrohrzucker
- 🌿 75 g Sultaninen
- 🌿 1 Vanilleschote, aufgeschlitzt
- 🌿 400 g feine Vollkornnudeln
- 🌿 2 Orangen

1. Den Rhabarber putzen und in 2 cm lange Stücke schneiden.

2. Milch, Zucker, Sultaninen, ausgekratztes Vanillemark und Schote aufkochen. Die Nudeln beigeben und rund 5 Minuten köcheln lassen. Die Rhabarberstücke zu den Nudeln geben, weitere 5 Minuten köcheln lassen, bis fast alle Flüssigkeit aufgenommen ist und die Nudeln sehr weich sind. Von Zeit zu Zeit rühren, damit die Nudeln auf dem Topfboden nicht ankleben.

3. Die Orangen schälen, vierteln und quer in feine Scheiben schneiden. Die Orangen unter die Nudeln mischen, sofort servieren.

SÜSSER RHABARBER-REIS

- 🌿 200 g Natur-Langkornreis
- 🌿 $1/2$ l Wasser
- 🌿 500 g Rhabarber
- 🌿 1 Prise Meersalz
- 🌿 50 g Vollrohrzucker
- 🌿 50 g Birnendicksaft
- 🌿 1 Zitrone, Saft
- 🌿 100–150 ml/1–1,5 dl Wasser
- 🌿 100 g Vollmilchquark
- 🌿 50 g Rosinen
- 🌿 2 TL Vanillezucker

1. Den Reis über Nacht im Wasser einweichen.

2. Den Rhabarber putzen und in 3 cm lange Stücke schneiden.

3. Reis, Einweichwasser, Salz, Zucker und Birnendicksaft aufkochen, rund 20 Minuten auf kleinem Feuer kochen lassen. Rhabarberstücke, Zitronensaft und 100 ml/1 dl Wasser zum Reis geben, weitere 10 Minuten köcheln lassen, eventuell wenig Wasser beifügen. Auskühlen lassen. Quark, Rosinen und Vanillezucker unterrühren.

Abbildung:
Süße Rhabarber-Nudeln

RHABARBERAUFLAUF

für 6 Personen

Vanillecreme

- 300 ml/3 dl Milch
- 2 Eigelb
- 2 TL Maisstärke
- 3 EL Honig
- 1/2 Vanilleschote, aufgeschlitzt

- 2 Eiweiß

Kompott

- 800 g Rhabarber
- 100 g Vollrohrzucker
- 2 TL Vanillezucker
- 100 ml/1 dl Weißwein

- 6 Scheiben Einback
- 2 Eigelb
- 3 EL Milch
- 2 EL Bratbutter/Butterschmalz

1. Für die Vanillecreme Milch, Eigelb, Maisstärke und Honig in einem Topf glatt rühren. Das ausgekratzte Vanillemark und die Schote dazugeben. Auf mittlerem Feuer unter stetem Rühren aufkochen, den Topf von der Wärmequelle nehmen und kurz weiterrühren. Die Vanillecreme auskühlen lassen, öfters rühren, damit sich keine Haut bilden kann. Die Schote entfernen.

2. Den Rhabarber putzen und in 3 cm lange Stücke schneiden. Rhabarberstücke, Zucker, Vanillezucker und Weißwein aufkochen und auf kleinem Feuer zugedeckt während rund 10 Minuten weich kochen.

3. Eigelb und Milch verrühren. Die Einbackscheiben darin wenden. Die Brotscheiben im Butterschmalz beidseitig goldbraun braten.

4. Den Ofen auf 250 Grad vorheizen.

5. Die Einbackscheiben in eine gebutterte Gratinform schichten. Das Rhabarberkompott darauf verteilen.

6. Das Eiweiß zu steifem Schnee schlagen und sorgfältig unter die ausgekühlte Vanillecreme ziehen. Über dem Rhabarberkompott ausstreichen.

7. Den Rhabarber-Auflauf im vorgeheizten Ofen auf mittlerem Einschub bei 250 Grad 3 bis 5 Minuten hellbraun überbacken.

KAISERSCHMARREN MIT RHABARBER-ERDBEER-KOMPOTT

Kompott

🌿 1 kg Rhabarber

🌿 350 g Erdbeeren

🌿 100 ml/1 dl Wasser

🌿 125 g Vollrohrzucker

Schmarren

🌿 125 g Vollkornmehl

🌿 200 ml/2 dl Milch

🌿 3 Eigelb

🌿 2 EL Honig

🌿 1 Prise Meersalz

🌿 75 g Rosinen

🌿 3 Eiweiß

🌿 2 EL Butterschmalz/Bratbutter

1. Den Rhabarber putzen und in 2 cm lange Stücke schneiden. Die Erdbeeren halbieren. Die Rhabarberstücke mit dem Wasser und dem Zucker aufkochen, auf kleinem Feuer 5 Minuten köcheln lassen. Den Topf von der Wärmequelle nehmen, die Erdbeeren untermischen.

2. Für den Schmarren Mehl, Milch, Eigelb, Honig und Salz gut verrühren. Die Rosinen untermischen. Das Eiweiß zu Schnee schlagen und sorgfältig unter die Masse ziehen.

3. Die Butter in zwei Bratpfannen schmelzen. Den Teig auf die beiden Pfannen verteilen, wenig glatt streichen. Die Pfannkuchen auf mittlerem Feuer beidseitig backen, in eine Schüssel geben und mit zwei Gabeln zerzupfen oder nach Belieben auf einer flachen Unterlage in Vierecke schneiden.

4. Den Schmarren noch warm mit dem warmen oder ausgekühlten Kompott servieren.

ÜBERBACKENE PFANNKUCHEN MIT RHABARBERFÜLLUNG

Pfannkuchenteig

- 200 g Dinkel-Weißmehl
- 3 Freilandeier
- 300 ml/3 dl Milch
- 100 g/1 dl süße Sahne/Rahm
- 1 Prise Meersalz
- 1 EL Vollrohrzucker

- Butterschmalz/Bratbutter zum Backen

Füllung

- 500 g Rhabarber
- 50 g Vollrohrzucker
- 1/2 Vanilleschote, aufgeschlitzt
- 1/2 Zitrone, abgeriebene Schale

- 3 Freilandeier
- 50 g Vollrohrzucker
- 500 g Vollmilchquark

Guss

- 250 ml/2,5 dl Milch
- 1 EL Maisstärke
- 250 g saure Sahne/Sauerrahm
- 4 Eigelb
- 50 g Vollrohrzucker
- 1/2 Vanilleschote, ausgekratztes Mark

1. Die Zutaten für den Pfannkuchenteig gut verrühren und rund 1 Stunde zugedeckt ruhen lassen. Aus dem Teig im Butterschmalz 8 nicht zu dünne Pfannkuchen backen. Auskühlen lassen.

2. Den Rhabarber putzen und in 3 cm lange Stücke schneiden. Rhabarberstücke, Zucker, ausgekratztes Vanillemark, Schote und abgeriebene Zitronenschalen in einem Topf auf mittlerem Feuer unter stetem Rühren erhitzen, bis der Rhabarber Saft zieht, zugedeckt auf kleinem Feuer 5 Minuten köcheln lassen. Die Vanilleschote entfernen.

3. Die Eier und den Zucker mit dem Schneebesen luftig aufschlagen. Den Quark unterrühren.

4. Den Ofen auf 200 Grad vorheizen.

5. Das Rhabarberkompott auf die Pfannkuchen verteilen. Mit der Quarkcreme decken. Die Pfannkuchen aufrollen und in eine gebutterte Gratinform legen.

6. Die Zutaten für den Guss verrühren und über die Pfannkuchen gießen.

7. Die Pfannkuchen auf mittlerem Einschub 15 Minuten überbacken. Heiß servieren.

RHABARBER-FEIGEN-MARMELADE

- *1 kg Rhabarber*
- *150 g getrocknete Feigen*
- *750 g Vollrohrzucker*
- *je 25 g Orangeat- und Zitronatwürfelchen*

1. Den Rhabarber putzen und in 3 cm lange Stücke schneiden. Die Feigen klein würfeln.

2. Rhabarberstücke, Feigenwürfelchen und Zucker in einer Schüssel gut vermischen, über Nacht stehen lassen.

3. Das Rhabarber-Gemisch anderntags aufkochen, auf kleinem Feuer zu Marmelade einköcheln lassen; dies dauert rund 1 Stunde. Orangeat- und Zitronatwürfelchen beifügen und nochmals aufkochen. Die heiße Marmelade randvoll in Gläser mit Schraubverschluss füllen, sofort verschließen.

Haltbarkeit: 6 Monate

RHABARBERSAFT

ergibt 700 ml/7 dl Saft

- *1 kg Rhabarber*
- *200 ml/2 dl Wasser*
- *100 g Vollrohrzucker*

1. Den Rhabarber putzen und in 3 cm lange Stücke schneiden. Die Rhabarberstücke mit dem Wasser zugedeckt auf kleinem Feuer während rund 15 Minuten weich kochen.

2. Das Fruchtmus durch ein Geleetuch passieren.

3. Den Rhabarbersaft mit dem Zucker aufkochen, kurz kochen lassen, in Flaschen abfüllen.

Abbildung links:
Rhabarbersaft
Abbildung hinten:
Rhabarber-Relish, Rezept Seite 56
Abbildung rechts:
Rhabarber-Mango-Marmelade,
Rezept Seite 56
Abbildung vorn:
Rhabarber-Feigen-Marmelade

RHABARBER-MANGO-MARMELADE

- 750 g Rhabarber
- 2 Mangos
- 1 Zitrone, abgeriebene Schale und Saft
- 1 kg Gelierzucker

1. Den Rhabarber putzen und in 3 cm lange Stücke schneiden.

2. Die Mangos schälen und das Fruchtfleisch vom Kern schneiden. Das Fruchtfleisch in Schnitze schneiden.

3. Sämtliche Zutaten in einer Schüssel gut vermischen. Zugedeckt stehen lassen, bis die Früchte etwas Saft ausscheiden.

4. Die Früchte in einen großen Kochtopf geben, unter Rühren aufkochen, 4 Minuten sprudelnd kochen. Die heiße Marmelade in Gläser mit Schraubverschluss füllen, sofort verschließen.

Haltbarkeit: 6 Monate

Abbildung «Rhabarber-Mango-Marmelade» und «Rhabarber-Relish» Seite 55

RHABARBER-RELISH

- 1 kg Rhabarber
- 250 g Schalotten
- 3 Knoblauchzehen
- 1 Bund Basilikum
- 150 g Vollrohrzucker
- 1 TL schwarze Pfefferkörner
- 1 TL weiße Senfkörner
- $1/2$ TL Pimentkörner
- $1/2$ TL Kurkuma
- 1 TL Meersalz
- 200 ml/2 dl Apfelessig
- 100 g geschälte Mandeln, grob gehackt

1. Den Rhabarber putzen und in 1,5 cm kleine Stücke schneiden. Die Schalotten und die Knoblauchzehen fein hacken. Das Basilikum grob hacken. Pfeffer-, Senf- und Pimentkörner im Mörser zerstoßen.

2. Sämtliche Zutaten in einen Topf geben und aufkochen, unter gelegentlichem Rühren 20 bis 30 Minuten bei mäßiger Hitze kochen lassen, bis das Relish die Konsistenz einer Marmelade hat. Die gehackten Mandeln untermischen. Das heiße Relish in Gläser mit Schraubverschluss füllen, sofort verschließen.

Haltbarkeit: 6 Monate

Tipp: Schmeckt zu gegrilltem Fleisch wie Geflügel, Kalbfleisch oder Fischfilets oder zu Fondue Chinoise.

RHABARBERGELEE

- 2 kg Rhabarber
- 50 ml/0,5 dl Wasser
- 2 Zimtstangen
- ca. 1 kg Gelierzucker

1. Den Rhabarber putzen und in 3 cm lange Stücke schneiden. Die Rhabarberstücke mit dem Wasser und den Zimtstangen auf kleinem Feuer zugedeckt köcheln lassen, bis der Rhabarber zerfällt. Die Zimtstangen entfernen.

2. Den Topfinhalt durch ein Sieb gießen und den Saft auffangen. Nun den Saft durch ein Geleetuch passieren.

3. Den Rhabarbersaft abmessen und in einen großen Topf gießen. Gleich viel Gelierzucker abwägen (auf 1 Liter Saft kommt 1 kg Zucker) und zum Saft geben. Den Topfinhalt aufkochen, 5 Minuten sprudelnd kochen. Abschäumen. Das heiße Gelee in Gläser mit Schraubverschluss füllen. Sofort verschließen.

Haltbarkeit: 6 Monate

RHABARBER-ORANGEN-MARMELADE

- 80 g frische Ingwerwurzel
- 4 Orangen
- 1,5 kg Rhabarber
- 100 ml/1 dl Wasser
- ca. 1,5 kg Vollrohrzucker

1. Den Ingwer schälen und sehr fein hacken. Die Orangen gut waschen, die Schale mit einem Sparschäler dünn abschälen und grob hacken. Die Orangen auspressen.

2. Den Rhabarber putzen und in 3 cm lange Stücke schneiden.

3. Sämtliche Zutaten, ohne den Zucker, in einen großen Topf geben, aufkochen und während rund 10 Minuten zugedeckt köcheln lassen. Pürieren.

4. Das Püree abmessen und gleich viel Zucker abwägen (auf 1 Liter Püree kommt 1 kg Zucker).

5. Den Zucker und das Rhabarberpüree aufkochen, sprudelnd zu einer geleeähnlichen Marmelade einkochen lassen; dies dauert rund 8 Minuten. Die heiße Marmelade in Gläser mit Schraubverschluss füllen, sofort verschließen.

Haltbarkeit: 6 Monate

RHABARBERSHAKE

für 1 Liter

- 400 g Rhabarber
- 125 g Vollrohrzucker
- 25 ml/0,25 dl kaltes Wasser
- 150 g Vollmilchquark
- 600 ml/6 dl Milch, gut gekühlt
- 1/2 Orange, abgeriebene Schale

1. Den Rhabarber putzen und in 3 cm lange Stücke schneiden. Die Rhabarberstücke mit dem Zucker unter stetem Rühren erhitzen, bis der Rhabarber Saft ausscheidet. Nun zugedeckt auf kleinem Feuer rund 10 Minuten weich kochen. Erkalten lassen.

2. Den Rhabarber und die restlichen Zutaten pürieren. Kühl servieren.

RHABARBERFRAPPÉ

für ca. 1,2 Liter

- 600 g Rhabarber
- 150 g Vollrohrzucker
- 200 ml/2 dl kaltes Wasser
- 400 ml/4 dl Milch, gut gekühlt
- 300 g Vanilleeis

1. Den Rhabarber putzen und in 3 cm lange Stücke schneiden. Den Zucker mit dem Wasser aufkochen, die Rhabarberstücke beifügen und zugedeckt während rund 10 Minuten auf kleinem Feuer weich kochen. Das Kompott abkühlen lassen, dann im Kühlschrank gut durchkühlen.

2. Das Rhabarberkompott und die Milch pürieren. Das Vanilleeis dazugeben, nochmals kurz pürieren. Sofort servieren.

Abbildung rechts:
Rhabarberbowle, Rezept Seite 60
Abbildung vorn Mitte:
Rhabarberfrappé
Abbildung vorn links:
Rhabarbershake

RHABARBER-ERDBEER-MARMELADE

- 1,2 kg Rhabarber
- 800 g Erdbeeren
- 1,750 kg Vollrohrzucker
- 100 ml/1 dl Wasser

1. Den Rhabarber putzen und in 7 cm lange Stücke schneiden. Die Erdbeeren vierteln.

2. Den Zucker mit dem Wasser aufkochen. Die Rhabarberstücke beifügen und rund 12 Minuten auf kleinem Feuer köcheln lassen. Die Erdbeeren beifügen, aufkochen und sprudelnd zu Marmelade einkochen lassen. Die heiße Marmelade in Gläser mit Schraubverschluss füllen, sofort verschließen.

Haltbarkeit: 6 Monate

RHABARBERBOWLE

für 1 Liter

- 1 kg Rhabarber
- 250 ml/2,5 dl Grenadine-Sirup
- 2 Scheiben Ananas
- 100 g Erdbeeren
- $1/2$ l Weißwein, gut gekühlt
- 250 ml/2,5 dl Mineralwasser, gut gekühlt

1. Den Rhabarber putzen und in 3 cm lange Stücke schneiden. Die Rhabarberstücke mit dem Sirup während rund 10 Minuten auf kleinem Feuer weich kochen. Das Rhabarberkompott durch ein Sieb streichen. Abkühlen lassen, dann 1 Stunde oder länger kühl stellen.

2. Die Ananasscheiben und die Erdbeeren in kleine Stücke respektive in Scheiben schneiden.

3. Rhabarbersaft, Weißwein und Mineralwasser mit dem Schneebesen verrühren. Die Früchte dazugeben. Gut gekühlt servieren.

Abbildung Seite 58

RHABARBERSTRUDEL

für 6 Portionen

Strudelteig

- 200 g Dinkel-Weißmehl
- 2 EL Öl
- 1 Msp Meersalz
- 100 ml/1 dl lauwarmes Wasser

Füllung

- 800 g Rhabarber
- 200 g Erdbeermarmelade/ -konfitüre
- 40 g Vollrohrzucker
- 1 Zitrone, abgeriebene Schale
- 30 g Butter
- 50 g Vollkornzwieback
- 100 g Vollkornbiskuits

1. Das Mehl auf die Arbeitsfläche sieben. In der Mitte eine Vertiefung machen. Öl, Salz und lauwarmes Wasser in die Mulde geben, zu einem Teig zusammenfügen. So lange kneten, bis der Teig glatt und geschmeidig ist und seidig glänzt. Den Teig in Klarsichtfolie einwickeln und bei Zimmertemperatur rund 30 Minuten ruhen lassen.

2. Den Rhabarber putzen und in 2 cm lange Stücke schneiden. Marmelade, Zucker und abgeriebene Zitronenschalen darunter mischen.

3. Die Butter schmelzen und abkühlen lassen.

4. Den Zwieback und die Biskuits in einen Plastikbeutel geben, mit dem Nudelholz grob zerstoßen.

5. Den Strudelteig auf wenig Mehl dünn ausrollen. Ein Tuch unterlegen und den Teig über dem Handrücken sehr dünn ausziehen. Die dicken Ränder abschneiden.

6. Den Backofen auf 200 Grad vorheizen.

7. Das Teigblatt mit der flüssigen Butter einpinseln. Die Zwieback-Biskuits-Brösel darauf streuen. Die Rhabarbermischung darauf verteilen, auf allen Seiten einen 3 cm breiten Rand frei lassen. Die Ränder einschlagen und den Strudel mit Hilfe des Tuches satt aufrollen. Mit dem Teigende nach unten auf ein mit Backpapier belegtes Blech legen. Den Strudel mit flüssiger Butter einpinseln.

8. Den Rhabarberstrudel im vorgeheizten Ofen bei 200 Grad auf mittlerem Einschub etwa 35 Minuten backen.

RHABARBER-SCHLUPFER MIT VANILLESAUCE

für 4 Personen als kleine Mahlzeit oder
für 8 Personen als Dessert

für 8 kleine Souffléförmchen

Schlupfer

- 200 g Brioche oder Zopfbrot
- 100 g Mandelstifte
- 350 g Rhabarber
- 1 Stück frische Ingwerwurzel
- 150 g/1,5 dl süße Sahne/Rahm
- 200 ml/2 dl Milch
- 4 Freilandeier
- 1 TL Zimtpulver
- 125 g Vollrohrzucker
- 70 g Rosinen

Vanillesauce

- 2 Eigelb
- 50 g Honig
- 200 ml/2 dl Milch
- 50 g/0,5 dl süße Sahne/Rahm
- 1 Vanilleschote

- Staubzucker für die Garnitur

1. Die Brioches oder den Zopf in 2 cm große Würfel schneiden. Die Mandelstifte ohne Fettzugabe hellbraun rösten. Den Rhabarber putzen und in 2 cm lange Stücke schneiden. Den Ingwer schälen und mit der Zitronenreibe fein reiben.

2. Sämtliche Zutaten für die Schlupfer gut vermengen.

3. Den Backofen auf 200 Grad vorheizen.

4. Die Schlupfermasse in die gut gefetteten Souffléförmchen füllen.

5. Die Rhabarber-Schlupfer im vorgeheizten Backofen bei 200 Grad auf unterstem Einschub 30 Minuten backen.

6. Für die Vanillesauce Eigelb, Honig, Milch und süße Sahne in einem kleinen Kochtopf glatt rühren. Die Vanilleschote längs halbieren, das Mark auskratzen und dazugeben. Auf mittlerem Feuer unter Rühren erhitzen, d.h. vor den Kochpunkt bringen. Die Creme darf nicht kochen, sonst gerinnt sie. Den Topf von der Wärmequelle ziehen. Die Vanilleschote entfernen.

7. Die heißen Rhabarber-Schlupfer vorsichtig aus den Förmchen nehmen, dazu den Rand mit einem Messer lösen. Die Schlupfer in tiefe Teller stellen und mit der heißen Vanillesauce umgießen. Mit dem Staubzucker bestäuben.

RHABARBERTORTE

für eine Springform von 24 cm Durchmesser

Mürbeteig

- 🌿 100 g Vollkornmehl
- 🌿 2 EL Vollrohrzucker
- 🌿 1 Prise Meersalz
- 🌿 70 g kalte Butter, in Stückchen
- 🌿 1 Eigelb
- 🌿 ca. 3 EL kaltes Wasser

- 🌿 3 EL Erdbeermarmelade/ -konfitüre zum Bestreichen

Füllung

- 🌿 400 g Rhabarber
- 🌿 200 ml/2 dl Wasser

Creme

- 🌿 100 g/1 dl süße Sahne/Rahm
- 🌿 150 ml/1,5 dl Milch
- 🌿 2 Eigelb
- 🌿 3 EL Vollrohrzucker
- 🌿 2 EL Vanillepudding-Pulver

- 🌿 2 Eiweiß
- 🌿 1 EL Vollrohrzucker

1. Mehl, Zucker und Salz in einer Schüssel mischen. Die kalten Butterstückchen dazugeben. Butter und Mehlgemisch zwischen den Fingern schnell krümelig reiben. Das Eigelb und das Wasser beigeben. Den Teig kurz kneten, jedoch nur so lange, bis er zusammenhält. Wenn man ihn zu lange knetet, wird er nach dem Backen nicht mürbe.

2. Den Boden der Springform einfetten. Den Mürbeteig direkt auf dem Boden ausrollen; es braucht keinen Rand. 1 Stunde kühl stellen.

3. Backofen auf 200 Grad vorheizen.

4. Den Teigboden mehrmals mit einer Gabel einstechen. Im vorgeheizten Ofen auf mittlerem Einschub etwa 10 Minuten blind backen. Die Teigblasen mit einer Gabel aufstechen.

5. Den ausgekühlten Teigboden mit der Marmelade bestreichen, den Ring aufsetzen und schließen.

6. Den Rhabarber putzen und in 2 cm lange Stücke schneiden. Die Rhabarberstücke im kochenden Wasser 3 Minuten blanchieren, das Wasser abgießen. Den Rhabarber auskühlen lassen. Den Kuchenboden damit belegen.

7. Backofen auf 250 Grad vorheizen.

8. Für die Creme süße Sahne, Milch, Eigelb, Zucker und Vanillepudding-Pulver in einem Kochtopf unter Rühren aufkochen. Den Topf vom Feuer ziehen. Das Eiweiß mit dem Zucker nicht ganz steif schlagen und vorsichtig unter die noch heiße Creme ziehen. Die Creme auf die Rhabarberstücke verteilen.

9. Den Kuchen auf unterstem Einschub bei 250 Grad während rund 6 Minuten aufgehen lassen. Den Kuchen rasch, solange er noch wie ein Soufflé aussieht, servieren. Er schmeckt jedoch auch kalt sehr gut.

GESTÜRZTER RHABARBERKUCHEN

Für eine Kuchenform von 26–30 cm
Durchmesser

Mürbeteig

- 200 g Vollkornmehl
- 1 EL Vollrohrzucker
- 1 Prise Meersalz
- 120 g kalte Butter, in Stückchen
- 1 Eigelb

Belag

- 600 g Rhabarber

- 30 g Butter
- 150 g Vollrohrzucker

- 30 g Korinthen
- 15 g Pistazienkerne

- 200 g/2 dl süße Sahne/Rahm

1. Den Teig zubereiten wie bei der Rhabarbertorte auf Seite 64 beschrieben.

2. Den Rhabarber putzen und in etwa 4 cm lange Stücke schneiden.

3. Die Butter in der Form auf dem Kochherd schmelzen. Den Zucker beifügen und unter Rühren leicht karamellisieren. Die Form von der Wärmequelle ziehen.

4. Den Backofen auf 200 Grad vorheizen.

5. Die Korinthen und die Pistazien in die Form streuen. Die Rhabarberstücke kreisförmig darauf legen. Den Teig ausrollen und auf die Rhabarberstücke legen. Den Teigrand andrücken und mit einer Gabel mehrmals einstechen.

6. Den Rhabarberkuchen im vorgeheizten Ofen bei 200 Grad auf oberstem Einschub 30 Minuten backen. Stürzen. Mit der halbsteif geschlagenen süßen Sahne servieren.

Abbildung Seite 67

ANNAS RHABARBERKUCHEN

für eine Springform von 24 cm
Durchmesser

Füllung
- 500 g Rhabarber
- 50 g Vollrohrzucker

Teig
- 5 Eigelb
- 100 g Vollrohrzucker
- 50 ml/0,5 dl Milch
- 2 EL Kirsch
- 1/2 Zitrone, Saft und abgeriebene Schale
- 200 g geriebene Mandeln
- 175 g Dinkel-Weißmehl

- 5 Eiweiß

- Staubzucker für die Garnitur

1. Den Rhabarber in 3 cm lange Stücke schneiden. Mit dem Zucker mischen.

2. Den Backofen auf 180 Grad vorheizen.

3. Das Eigelb und den Zucker zu einer luftigen Masse aufschlagen. Milch, Kirsch, Zitronensaft, abgeriebene Zitronenschalen, geriebene Mandeln und Mehl unter die Eigelbmasse rühren.

4. Das Eiweiß zu Schnee schlagen und sorgfältig unter den Teig ziehen.

5. Den Boden der Springform einfetten. Etwa 1/3 des Teiges auf dem Boden ausstreichen. Im vorgeheizten Backofen bei 180 Grad auf unterstem Einschub 10 Minuten backen.

6. Den restlichen Teig mit den Rhabarberstücken mischen und auf dem vorgebackenen Boden verteilen. Den Kuchen 40 Minuten bei 180 Grad auf unterstem Einschub fertig backen. Erkalten lassen. Mit dem Staubzucker bestäuben.

Abbildung hinten:
Annas Rhabarberkuchen
Abbildung vorn:
Gestürzter Rhabarberkuchen,
Rezept Seite 65

TARTE À LA RHUBARBE

für ein Kuchenblech von 24–26 cm Durchmesser

Mürbeteig

- 200 g Dinkel-Ruchmehl
- 1 EL Vollrohrzucker
- 75 g kalte Butter, in Stückchen
- 1 Eigelb
- 3 EL kaltes Wasser

Füllung

- 600 g Rhabarber
- 100 g Vollrohrzucker
- 1/2 Beutel Geliermittel (für Marmeladen/Konfitüren)
- 100 g Johannisbeergelee
- 30 g Vollkornbiskuits

Eischneetupfer

- 2 Eiweiß
- 1 Prise Meersalz
- 1 TL Zitronensaft
- 125 g Vollrohrzucker

1. Den Teig zubereiten wie bei der Rhabarbertorte auf Seite 64 beschrieben.

2. Das Kuchenblech einfetten. Den Teig ausrollen und in die Form legen. In den Kühlschrank stellen.

3. Den Rhabarber putzen und klein würfeln, in eine Schüssel geben. Den Zucker und das Gelierpulver mischen und mit dem Rhabarber vermengen. Das Johannisbeergelee unterrühren.

4. Den Backofen auf 200 Grad vorheizen.

5. Die Biskuits sehr klein zerbröseln und auf den Teigboden verteilen. Die Rhabarbermischung darauf geben.

6. Den Kuchen im vorgeheizten Ofen bei 200 Grad auf unterstem Einschub 30 Minuten backen. Aus dem Backofen nehmen.

7. Die Backofentemperatur auf 250 Grad erhöhen.

8. Das Eiweiß mit dem Salz und dem Zitronensaft zu steifem Schnee schlagen. Den Zucker untermischen und kurze Zeit weiterschlagen. Die Masse in einen Spritzbeutel mit gezackter Tülle füllen und den Kuchen damit garnieren.

9. Den Rhabarberkuchen bei 250 Grad auf mittlerem Einschub nur kurz überbacken, bis der Eischnee braune Spitzen hat.

Abbildung Seite 70

OMAS RHABARBERKUCHEN

für eine Springform von 24 cm
Durchmesser

Mürbeteig

- 200 g Vollkornmehl
- 70 g Vollrohrzucker
- 140 g kalte Butter, in Stückchen
- 1 Freilandei

Füllung

- 800 g Rhabarber

- 2 Freilandeier
- 200 g Vollrohrzucker
- 80 g geschälte, geriebene Mandeln

- 3 Eiweiß
- 1 EL Vollrohrzucker

1. Den Teig zubereiten wie bei der Rhabarbertorte auf Seite 64 beschrieben.

2. Den Boden und den Rand der Springform einfetten. $2/3$ des Teiges ausrollen und auf den Boden legen. Den restlichen Teig zu einer Rolle formen, in die Form legen und zu einem Kreis schließen, von Hand einen Rand formen.

3. Den Backofen auf 180 Grad vorheizen.

4. Den Rhabarber putzen und in 2 cm lange Stücke schneiden.

5. Die Eier und den Zucker zu einer luftigen Masse aufschlagen. Die geriebenen Mandeln untermischen.

6. Das Eiweiß mit dem Zucker zu steifem Schnee schlagen und unter die Eiercreme ziehen. Die Rhabarberstücke sorgfältig untermischen.

7. Die Rhabarberfüllung auf dem Teigboden verteilen. Den Kuchen im vorgeheizten Ofen bei 180 Grad auf mittlerem Einschub 35 Minuten backen.

RHABARBERKUCHEN MIT STREUSEL

für eine Springform von 26 cm Durchmesser

- 250 g Rhabarber
- 125 g zimmerwarme Butter
- 125 g Vollrohrzucker
- 1 TL Vanillezucker
- 1 Prise Meersalz
- 1 Freilandei
- 250 g Dinkel-Weißmehl
- 1 TL Backpulver
- 200 ml/2 dl Milch
- 1 EL Zitronensaft

Streusel
- 50 g geriebene Haselnüsse
- 50 g Vollrohrzucker
- 1 TL Zimtpulver
- 50 g kalte Butter, in Stückchen

1. Den Rhabarber putzen und in etwa 2 cm lange Stücke schneiden.

2. Den Backofen auf 200 Grad vorheizen.

3. Den Rand und den Boden der Springform einfetten.

4. Die Butter mit dem Schneebesen oder mit dem Handrührgerät so lange rühren, bis sie weiß ist und an Volumen sichtbar zugenommen hat. Dies dauert etwa 10 Minuten. Zucker, Vanillezucker und Salz beifügen und rühren, bis sie sich aufgelöst haben. Das Ei dazugeben und die Masse zu einer luftigen Creme aufschlagen. Das Mehl mit dem Backpulver mischen und abwechslungsweise mit der Milch unter die Buttermasse rühren. Die Rhabarberstücke und den Zitronensaft unter den Teig rühren. Den Teig in die Springform füllen und glatt streichen.

5. Für den Streusel geriebene Haselnüsse, Zucker, Zimtpulver und Butter in eine Schüssel geben. Zwischen den Fingern rasch krümelig reiben und auf den Kuchen verteilen.

6. Den Rhabarberkuchen im vorgeheizten Ofen bei 200 Grad auf unterstem Einschub 40 bis 45 Minuten backen.

Abbildung hinten:
Tarte à la Rhubarbe, Rezept Seite 68
Abbildung vorn:
Rhabarberkuchen mit Streusel

ERDBEER-RHABARBER-PIE

für eine Pieform von 26 cm Durchmesser

Mürbeteig

- 125 g Dinkel-Ruchmehl
- 2 EL Vollrohrzucker
- 1 Prise Meersalz
- 90 g kalte Butter, in Stückchen
- ca. 3 EL kaltes Wasser

Füllung

- 500 g Rhabarber
- 500 g Erdbeeren
- 200 g Amaretti
- 100 g Vollrohrzucker

- 1 Eiweiß zum Bepinseln

1. Den Teig zubereiten wie bei der Rhabarbertorte auf Seite 64 beschrieben.

2. Den Rhabarber putzen und in 5 cm lange Stücke schneiden. Die Erdbeeren halbieren.

3. Die Amaretti wenig zerbröseln und auf den Boden der Pieform streuen. Darauf die Rhabarberstücke und die halbierten Erdbeeren verteilen. Den Zucker darüber streuen.

4. Den Backofen auf 200 Grad vorheizen.

5. Den Teig etwas größer als die Pieform ausrollen. Den Außenrand der Pieform mit Eiweiß bepinseln. Den Teig auf die Früchte über den Rand hinaus legen und außen wenig andrücken. Mit einer Gabel mehrmals einstechen.

6. Die Rhabarber-Erdbeer-Pie im vorgeheizten Ofen bei 200 Grad auf mittlerem Einschub 20 Minuten backen.

Tipp: Die Pie mit einer Kugel Vanilleeis servieren; dies schmeckt besonders gut.

VANILLEPUDDING MIT RHABARBERPÜREE

Pudding

🌿 1 Beutel Vanillepudding-Pulver

🌿 $1/2$ l Milch

🌿 100 g Löffelbiskuits

🌿 3 EL Kirsch

Püree

🌿 750 g Rhabarber

🌿 200 ml/2 dl Apfelsaft

🌿 80 g Vollrohrzucker

🌿 1 Zitrone, abgeriebene Schale und Saft

1. Den Pudding zubereiten wie auf der Packung beschrieben.

2. Die Löffelbiskuits mit dem Kirsch beträufeln und eine Puddingform damit auslegen. Den Pudding einfüllen und fest werden lassen.

3. Für das Püree den Rhabarber putzen und in 3 cm lange Stücke schneiden. Apfelsaft, Zucker, abgeriebene Zitronenschalen und Zitronensaft mit den Rhabarberstücken in einen Topf geben und aufkochen. 15 Minuten köcheln lassen, bis der Rhabarber zerfallen und die Sauce ein wenig eingekocht ist. Den Topfinhalt pürieren. Auskühlen lassen.

4. Den Pudding stürzen, das Püree separat servieren.

RHABARBERCREME

für 4 bis 6 Personen

🌿 1 kg Rhabarber

🌿 400 ml/4 dl Wasser

🌿 3 Freilandeier

🌿 180 g Vollrohrzucker

🌿 1 EL Maisstärke

🌿 200 g/2 dl süße Sahne/Rahm

1. Den Rhabarber putzen und in 3 cm lange Stücke schneiden. Die Rhabarberstücke und das Wasser in einen Kochtopf geben, während rund 15 Minuten weich kochen. Den Topfinhalt pürieren und durch ein Sieb streichen.

2. Eier, Zucker und Maisstärke zu einer luftigen Creme aufschlagen. Das Rhabarberpüree darunter rühren. Die Creme in den Topf geben und unter Rühren aufkochen. Vorsicht: Die Creme darf nicht kochen. Auskühlen lassen.

3. Die süße Sahne steif schlagen und unter die Creme ziehen. Kühl servieren.

ERDBEERBAVAROIS MIT RHABARBERKOMPOTT

für 8 Personen

Bavarois

- 500 g Erdbeeren
- 2 EL flüssiger Honig
- 3 EL Kirsch

- 4 Eigelb
- 120 g flüssiger Honig
- 250 ml/2,5 dl Milch
- 1 Vanilleschote
- 6 Blatt Gelatine, in kaltem Wasser eingelegt
- 250 g/2,5 dl süße Sahne/Rahm
- 30 g Pistazienkerne, grob gehackt

Kompott

- 600 g Rhabarber
- 1 EL Butter
- 100 g Vollrohrzucker
- 250 ml/2,5 dl Weißwein
- 1/2 Zimtstange
- 1 Zitrone, abgeriebene Schale

1. 200 g Erdbeeren für die Garnitur beiseite stellen. Die restlichen Beeren vierteln, mit dem Honig und dem Kirsch mischen und zur Seite stellen.

2. Die Eigelb und den Honig zu einer luftigen Creme aufschlagen.

3. Die Vanilleschote längs halbieren, das Mark auskratzen. Milch, Vanilleschote und Vanillemark aufkochen, unter Rühren zur Eigelbmasse geben. Die Creme in den Topf zurückgießen und unter Rühren aufkochen, d.h. vor den Kochpunkt bringen. Den Topf vom Feuer ziehen. Die Vanilleschote entfernen. Die ausgedrückten Gelatineblätter beifügen und gut rühren. Die Creme in ein eiskaltes Wasserbad stellen. Sobald die Creme am Schüsselrand ansulzt, die steif geschlagene süße Sahne unterziehen. Die grob gehackten Pistazienkerne und die geviertelten Erdbeeren unter die Creme ziehen.

4. Bavarois in eine Soufflèform füllen und im Kühlschrank während ein paar Stunden fest werden lassen.

5. Für das Kompott den Rhabarber putzen und in 3 cm lange Stücke schneiden. Die Butter schmelzen, den Zucker dazugeben und bei mittlerer Hitze leicht karamellisieren. Mit dem Weißwein ablöschen. Die Zimtstange beigeben. Köcheln lassen, bis der festgewordene Karamell sich wieder aufgelöst hat. Die Rhabarberstücke und die Zitronenschalen zum Karamell geben, köcheln lassen, bis der Rhabarber weich ist. Zimtstange entfernen.

6. Das Bavarois stürzen und mit den Erdbeeren garnieren. Das Kompott separat servieren.

RHABARBERPARFAIT MIT ERDBEERKOMPOTT

Parfait

- 🌿 *300 g Rhabarber*
- 🌿 *50 ml/0,5 dl Wasser*
- 🌿 *100 g Vollrohrzucker*

- 🌿 *3 Eigelb*
- 🌿 *100 g flüssiger Honig*
- 🌿 *250 g/2,5 dl süße Sahne/Rahm*

Beeren

- 🌿 *500 g Erdbeeren oder Walderdbeeren*
- 🌿 *80 g Johannisbeergelee*

1. Den Rhabarber putzen und in 3 cm lange Stücke schneiden. Das Wasser und den Zucker aufkochen, die Rhabarberstücke beifügen und während rund 15 Minuten weich kochen. Den Topfinhalt pürieren und auskühlen lassen.

2. Eigelb und Honig zu einer luftigen Creme aufschlagen. Mit dem Rhabarberpüree mischen. Die süße Sahne steif schlagen und sorgfältig unter die Creme ziehen.

3. Die Parfaitmasse in Portionenförmchen oder in eine kleine Cakeform füllen. Im Tiefkühler fest werden lassen.

4. Die Erdbeeren in Scheiben schneiden. Das Gelee erwärmen, bis es flüssig ist. Die Erdbeeren dazugeben und sorgfältig mischen.

5. Das Parfait in Scheiben schneiden, mit den Erdbeeren anrichten.

RHABARBERSORBET AUF ERDBEERSAUCE

für 4 bis 6 Personen

Sorbet

- 🌿 *1 kg Rhabarber*
- 🌿 *200 ml/2 dl Wasser*
- 🌿 *200 g Vollrohrzucker*

Sauce

- 🌿 *500 g Erdbeeren*
- 🌿 *80 g flüssiger Honig*
- 🌿 *1/2 Zitrone, Saft*

1. Den Rhabarber putzen und in 3 cm lange Stücke schneiden. Das Wasser und den Zucker aufkochen, die Rhabarberstücke beifügen und während rund 15 Minuten weich kochen. Den Topfinhalt pürieren, durch ein Sieb streichen und auskühlen lassen.

2. Die Rhabarbercreme in der Eismaschine gefrieren lassen. Oder die Creme in eine Schüssel geben und im Tiefkühler fest werden lassen, alle 15 Minuten gut rühren.

3. Beeren mit dem Honig und dem Zitronensaft pürieren. Püree kühl stellen.

4. Mit der Erdbeersauce auf den Tellern einen Spiegel machen. Vom Sorbet mit dem Eisportionierer Kugeln abstechen, auf der Sauce anrichten.

Abbildung oben:
Rhabarberparfait mit Erdbeerkompott
Abbildung unten:
Rhabarbersorbet auf Erdbeersauce

RHABARBERKÖPFCHEN

für 6 bis 8 Personen

Rhabarberkompott

- *800 g Rhabarber*
- *1 TL Zimtpulver*
- *160 g Vollrohrzucker*

- *200 g frisches Schwarzbrot/ Ruchbrot, ohne Rinde*
- *200 ml/2 dl Apfelwein*
- *160 g zimmerwarme Butter*
- *50 g Vollrohrzucker*
- *5 Eigelb*

- *150 g/1,5 dl süße Sahne/Rahm*

1. Zum Pochieren der Köpfchen ein Wasserbad bereit stellen: dafür einen Bräter bis ca. zur Hälfte mit kochendem Wasser füllen und in den auf 180 Grad vorgeheizten Backofen schieben.

2. Den Rhabarber putzen und in 2 cm große Stücke schneiden. Die Rhabarberstücke mit dem Zimtpulver und dem Zucker aufkochen, im offenen Topf zuerst 20 Minuten bei mittlerer Hitze, dann bei starker Hitze zu einem Mus einkochen lassen.

3. Das Brot klein würfeln und mit dem Apfelwein vermengen.

4. Die ofenfesten Förmchen (z.B. Soufflé-förmchen) einfetten.

5. Die Butter mit dem Schneebesen oder mit dem Handrührgerät so lange rühren, bis sie weiß ist und an Volumen sichtbar zugenommen hat. Dies dauert rund 10 Minuten. Den Zucker zufügen und rühren, bis er sich aufgelöst hat. Ein Eigelb nach dem andern unterrühren. Sollte die Creme nun gerinnen, diese nur ganz kurz in ein heißes Wasserbad stellen und weiterrühren. Die Brotwürfel beifügen und am besten mit dem Handrührgerät fein pürieren.

6. Die Förmchen zu zwei Dritteln mit der Brotmasse füllen. Das Rhabarbermus mit einem Schöpflöffel in die Mitte geben. Die Förmchen in das heiße Wasserbad stellen. Sie sollen bis $2/3$ im Wasser stehen. Bei 180 Grad rund 20 Minuten pochieren, bis die Masse fest ist.

6. Die Rhabarberköpfchen warm oder kalt mit der leicht geschlagenen süßen Sahne servieren.

Rhabarbersuppe

Suppe

- 500 g Rhabarber
- 250 ml/2,5 dl Wasser
- 250 ml/2,5 dl Apfelwein
- 100 g Vollrohrzucker
- $^1/_2$ Vanilleschote, aufgeschlitzt
- 1 TL Agar-Agar-Pulver

Einlage

- 150 g Rhabarber
- 100 ml/1 dl Apfelwein
- 4 EL Honig
- 500 g Erdbeeren
- einige Pfefferminzblättchen

1. Für die Suppe den Rhabarber putzen und in 5 cm lange Stücke schneiden. Rhabarberstücke, Wasser, Apfelwein, Zucker, ausgekratztes Vanillemark und Schote aufkochen, auf kleinem Feuer zugedeckt 15 Minuten köcheln lassen. Den Topfinhalt durch ein Sieb passieren und in den Topf zurückgießen. Das mit wenig Wasser verrührte Agar-Agar-Pulver dazugeben. Die Suppe unter ständigem Rühren aufkochen, etwa 3 Minuten kochen, dann auskühlen lassen.

2. Für die Einlage den Rhabarber putzen und in sehr kleine Stücke schneiden. Rhabarberstückchen, Apfelwein und Honig aufkochen, auf der ausgeschalteten Wärmequelle 2 Minuten ziehen lassen. Die Rhabarberstückchen mit einem Schaumlöffel aus der Flüssigkeit nehmen und abtropfen lassen.

4. Die Erdbeeren je nach Größe halbieren oder in Scheiben schneiden. Erdbeeren und Rhabarberstückchen in die Suppenteller legen. Die ausgekühlte Suppe darüber gießen. Mit den Pfefferminzblättchen garnieren.

RHABARBER-ERDBEER-GRÜTZE

- 500 g Rhabarber
- 250 g Johannisbeergelee
- 500 g Erdbeeren

- 1 EL Maisstärke
- 50 ml/0,5 dl Wasser

- 150 g/1,5 dl süße Sahne/Rahm

1. Den Rhabarber putzen und in 3 cm lange Stücke schneiden. Das Gelee aufkochen, die Rhabarberstücke beifügen und etwa 6 Minuten köcheln lassen; sie sollen möglichst nicht zerfallen. Die Rhabarberstücke mit einem Schaumlöffel herausnehmen und in eine Schüssel geben.

2. Die Erdbeeren halbieren und unter die Rhabarberstücke mischen.

3. Die Maisstärke mit dem Wasser verrühren, unter stetem Rühren zur kochenden Rhabarberflüssigkeit geben, kurz köcheln lassen und zu den Früchten gießen. Auskühlen lassen.

4. Die Grütze in Portionenschalen oder in Suppentellern anrichten. Mit der steif geschlagenen süßen Sahne garnieren.

Abbildung:
Rhabarber-Erdbeer-Trifle

RHABARBER-ERDBEER-TRIFLE

- 500 g Rhabarber
- 100 ml/1 dl Orangensaft
- 50 g Vollrohrzucker

- 500 g Erdbeeren
- 4 EL Honig
- 100 ml/1 dl Cognac
- 450 g Sahne-/Rahmquark oder Mascarpone
- 100 g Löffelbiskuits

1. Den Rhabarber putzen und in 3 cm lange Stücke schneiden. Rhabarberstücke, Orangensaft und Zucker aufkochen, auf kleinem Feuer knackig kochen. Auskühlen lassen.

2. Die Erdbeeren mit dem Honig pürieren. 4 Esslöffel dieses Pürees mit dem Cognac verrühren. Das restliche Püree mit dem Quark oder dem Mascarpone verrühren.

3. Eine Schüssel oder eine flache Schale mit der Hälfte der Löffelbiskuits auslegen. Großzügig mit der Hälfte des Erdbeerlikörs beträufeln. Vom Rhabarber einige Stücke für die Garnitur beiseite legen, den Rest auf die Löffelbiskuits verteilen, darauf die Hälfte der Erdbeercreme ausstreichen. Die restlichen Biskuits auf die Creme legen, mit dem restlichen Erdbeerlikör beträufeln und der Creme abschließen. Mit den Rhabarberstücken garnieren.

4. Bis zum Servieren mindestens eine Stunde in den Kühlschrank stellen.

PANNA COTTA MIT RHABARBER-MANGO-KOMPOTT

Panna Cotta

- 🌿 *500 g/5 dl süße Sahne/Rahm*
- 🌿 *1 EL Agar-Agar-Pulver*
- 🌿 *70 g Vollrohrzucker*

Kompott

- 🌿 *400 g Rhabarber*
- 🌿 *400 ml/4 dl Apfelsaft*
- 🌿 *2 TL Maisstärke*
- 🌿 *2 EL Wasser*
- 🌿 *50 g Vollrohrzucker*
- 🌿 *1 TL Zimtpulver*
- 🌿 *1 Mango*

1. Die süße Sahne, das Agar-Agar-Pulver und den Zucker in einem Topf verrühren, aufkochen und 3 Minuten kochen lassen. Die Sahne in Portionenförmchen gießen, bei Zimmertemperatur abkühlen und im Kühlschrank fest werden lassen.

2. Den Backofen auf 180 Grad vorheizen.

3. Den Rhabarber putzen und in 5 cm lange Stücke schneiden, in eine Gratinform legen. Den Apfelsaft darüber gießen. Auf mittlerem Einschub bei 180 Grad 15 Minuten garen. Den Saft in einen Topf gießen.

4. Die Maisstärke mit dem Wasser verrühren, mit dem Zucker und dem Zimtpulver zum Rhabarbersaft geben, gut verrühren und aufkochen.

5. Die Mango schälen, vom Stein schneiden und dann zerkleinern, mit den Rhabarberstücken mischen. Den heißen Saft darüber gießen, erkalten lassen.

6. Panna-Cotta-Köpfchen auf Teller stürzen, mit dem Kompott umgeben.

Agar-Agar-Puler: Die Menge kann je nach Produkt variieren. Verpackungshinweis beachten.

Abbildung oben:
Marinierte Erdbeeren mit Rhabarber-creme, Rezept Seite 84
Abbildung unten:
Panna Cotta mit Rhabarber-Mango-Kompott

MARINIERTE ERDBEEREN MIT RHABARBERCREME

🌿 *400 g Erdbeeren*

🌿 *4 EL flüssiger Honig*

🌿 *1 Limone oder Zitrone,*
   abgeriebene Schale

🌿 *4 EL Limonen- oder Zitronensaft*

Rhabarbercreme

🌿 *250 g Rhabarber*

🌿 *100 g Vollrohrzucker*

🌿 *100 ml/1 dl Rotwein*

🌿 *4 Eigelb*

1. Große Erdbeeren halbieren. Erdbeeren, Honig, abgeriebene Limonenschalen und Limonensaft sorgfältig mischen.

2. Den Rhabarber putzen und in 2 cm große Stücke schneiden. Rhabarberstücke, Zucker und Rotwein aufkochen, köcheln lassen, bis der Rhabarber sehr weich ist. Den Topfinhalt pürieren. Wenig auskühlen lassen.

3. Die Topfgröße so wählen, dass die Schüssel mit dem Rhabarberpüree auf dem Topfrand liegt und der Boden der Schüssel den Topfboden berührt. So viel Wasser einfüllen, dass das Wasser unter den Boden der Schüssel reicht. Das Wasser aufkochen und die Schüssel hineinstellen. Das Eigelb zur Creme geben und diese unter kräftigem Rühren erwärmen. So lange rühren, bis die Creme dickflüssig ist. Die Creme darf nicht kochen.

4. Die Erdbeeren auf Portionenschalen verteilen. Mit der warmen Creme überziehen. Sofort servieren.

Abbildung Seite 82

RHABARBER IM AUSBACKTEIG

Ausbackteig

- 🍃 150 g Vollkornmehl
- 🍃 100 ml/1 dl Milch
- 🍃 100 ml/1 dl Weißwein
- 🍃 2 Freilandeier
- 🍃 1 Prise Salz
- 🍃 ½ Zitrone, abgeriebene Schale
- 🍃 4 EL Vollrohrzucker

- 🍃 8 dünne Rhabarber
- 🍃 200 ml/2 dl Wasser
- 🍃 150 g Vollrohrzucker

- 🍃 Öl zum Fritieren

- 🍃 8 EL flüssiger Honig zum Beträufeln

1. Die Zutaten für den Ausbackteig gut verrühren. Den Teig zugedeckt 30 Minuten ruhen lassen.

2. Den Rhabarber putzen und in 8 cm lange Stücke schneiden. Das Wasser mit dem Zucker aufkochen, die Rhabarberstücke hineinlegen und 2 Minuten köcheln lassen. Die Rhabarberstücke mit einem Schaumlöffel herausnehmen und auf Küchenpapier abtropfen lassen.

3. Das Fritieröl auf 180 Grad erhitzen. Die Rhabarberstücke in den Ausbackteig tauchen und im heißen Öl fritieren.

4. Das fritierte Gebäck noch heiß anrichten. Den Honig darüber träufeln. Sofort servieren.

Abbildung Seite 87

RHABARBERMOUSSE

- 400 g Rhabarber
- 2 EL Wasser
- 125 g Vollrohrzucker
- wenig frisch geriebener Ingwer oder Ingwerpulver
- 1/2 Zitrone, Saft und abgeriebene Schale
- 1 EL Agar-Agar-Pulver
- 2 EL Wasser
- 50 g/0,5 dl süße Sahne/Rahm

- 2 Eiweiß

1. Den Rhabarber putzen und in Würfel schneiden. Rhabarberwürfel, Wasser, Zucker, Ingwer, Zitronensaft und abgeriebene Zitronenschalen in einem Topf zugedeckt köcheln lassen, bis der Rhabarber sehr weich ist. Den Topfinhalt pürieren und wieder in den Topf zurückgießen.

2. Das Agar-Agar-Pulver mit dem Wasser verrühren, mit der süßen Sahne zum Rhabarberpüree geben. Unter ständigem Rühren aufkochen und 3 Minuten kochen lassen. Den Topf vom Feuer ziehen.

3. Das Eiweiß zu steifem Schnee schlagen, unter leichtem Rühren unter die Creme ziehen. Die Rhabarbermousse in eine Schüssel gießen, zuerst bei Zimmertemperatur auskühlen und dann im Kühlschrank fest werden lassen.

RHABARBERKOMPOTT MIT ORANGENQUARK

- 500 g Rhabarber
- 150 g Vollrohrzucker
- 5 Kardamomkörner

- 250 g Vollmilchquark
- 4 EL Orangensirup

1. Den Rhabarber putzen und in 8 cm lange Stücke schneiden. Rhabarberstücke, Zucker und Kardamomkörner in einem Topf aufkochen, zugedeckt unter gelegentlichem Rühren 5 Minuten köcheln lassen. Auskühlen lassen.

2. Den Quark und den Orangensirup verrühren.

3. Mit dem Orangenquark auf Tellern einen Spiegel machen, die Rhabarberstücke darauf anrichten.

Abbildung hinten:
Rhabarberkompott mit Orangenquark
Abbildung vorn:
Rhabarber im Ausbackteig,
Rezept Seite 85

RHABARBERGRATIN

- 🌿 400 g Rhabarber
- 🌿 40 g Vollrohrzucker

- 🌿 100 g/1 dl süße Sahne/Rahm
- 🌿 1 Eigelb
- 🌿 1 EL Vollrohrzucker
- 🌿 1 Beutel Vanillezucker
- 🌿 1 TL Maisstärke

- 🌿 40 g Vollkornbiskuits
- 🌿 1 Eiweiß

1. Den Rhabarber putzen und in 3 cm lange Stücke schneiden. Die Rhabarberstücke und den Zucker in einen Topf geben, unter stetem Rühren erhitzen, bis der Rhabarber Saft zieht. Dann zugedeckt auf kleinem Feuer rund 5 Minuten weich köcheln. Der Rhabarber darf nicht zerfallen.

2. Den Backofen auf höchster Stufe oder auf Grillstufe vorheizen.

3. Die süße Sahne und das Eigelb luftig aufschlagen. Zucker, Vanillezucker und Maisstärke zufügen und glatt rühren.

4. Die Biskuits fein zerbröseln und in eine Gratinform streuen. Die Rhabarberstücke samt Saft darauf verteilen.

5. Das Eiweiß steif schlagen und sorgfältig unter die Sahnemischung ziehen. Auf dem Rhabarber verteilen.

6. Den Gratin auf zweitoberstem Einschub 2 bis 3 Min. überbacken, bis die Cremehaube leicht braun ist. Sofort servieren.

RHABARBER-TERRINE

für 8 Personen

- 🌿 850 g Rhabarber
- 🌿 250 g Vollrohrzucker
- 🌿 250 ml/2,5 dl Weißwein
- 🌿 1 Vanilleschote, aufgeschlitzt
- 🌿 1 1/2 TL Agar-Agar-Pulver

1. 350 g Rhabarber putzen und in 3 cm lange Stücke schneiden. Rhabarber, Zucker und Weißwein in einen Topf geben. Das Vanillemark auskratzen und mit der Schote dazugeben. Aufkochen und während rund 20 Minuten auf kleinem Feuer weich kochen. Schote entfernen und den Topfinhalt durch ein Sieb streichen.

2. Den restlichen Rhabarber putzen und in 2 cm lange Stücke schneiden. Den passierten Fond aufkochen und die Rhabarberstücke dazugeben. Auf der ausgeschalteten Wärmequelle 3 bis 4 Minuten ziehen lassen. Mit einer Lochkelle herausnehmen und abkühlen lassen.

3. Das Agar-Agar-Pulver mit wenig Wasser verrühren, unter den Fond rühren, unter ständigem Rühren aufkochen und etwa 3 Minuten kochen lassen.

4. Die Rhabarberstücke lagenweise in eine Terrinenform füllen. Immer wieder mit dem Fond decken. Bei Zimmertemperatur auskühlen und im Kühlschrank fest werden lassen.

Abbildung:
Rhabarbergratin

KARAMELLISIERTE ÄPFEL MIT RHABARBER-ERDBEER-KOMPOTT

- 400 g Rhabarber
- 250 g Erdbeeren
- 100 g Erdbeermarmelade/-konfitüre
- 50 ml/0,5 dl Apfelsaft
- 1 Zitrone, abgeriebene Schale
- 2 Äpfel
- 2 EL Zucker
- 4 Kugeln Vanilleeis

1. Den Rhabarber putzen und in 2 cm lange Stücke schneiden. Die Erdbeeren halbieren.

2. Die Erdbeermarmelade mit dem Apfelsaft und den abgeriebenen Zitronenschalen aufkochen. Die Rhabarberstücke beigeben und zugedeckt auf kleinem Feuer 3 bis 4 Minuten köcheln lassen. Auskühlen lassen. Die Erdbeeren darunter mischen.

3. Die Äpfel vierteln und das Kerngehäuse entfernen, in Spalten schneiden. Die Apfelspalten mit dem Zucker mischen, hellbraun karamellisieren.

4. Das Rhabarber-Erdbeer-Kompott auf 4 Teller verteilen. Die Apfelschnitze anrichten. Je eine Kugel Vanilleeis dazugeben.

EXOTISCHER FRUCHTSALAT

- 400 g Rhabarber
- 100 ml/1 dl Apfelsaft
- 1 Msp Natron
- 25 g Vollrohrzucker

- 2 Bananen
- 2 Kiwis
- 2 Orangen

1. Den Rhabarber putzen und in 3 cm lange Stücke schneiden. Den Apfelsaft mit dem Natron und dem Zucker in einem Topf verrühren. Die Rhabarberstücke dazugeben und während rund 15 Minuten weich kochen. Den Rhabarber pürieren, erkalten lassen.

2. Die Bananen schälen und in Scheiben schneiden. Die Kiwis und die Orangen schälen, halbieren und in Scheiben schneiden.

3. Die Früchte mit der Rhabarbercreme mischen.

Abbildung:
Karamellisierte Äpfel mit Rhabarber-Erdbeer-Kompott

Bohmert, Annegret
Lebendige Ernährung
Novalis Verlag

Chemie in Lebensmitteln
Herausgeber Katalyse-Umweltgruppe
Köln e.V.

Hagers Handbuch der Pharmazeutischen Praxis, Herausgeber-
Gemeinschaft

Lehrbuch der Pheumakognosie
Springer Verlag

Münzing-Ruef, Ingeborg.
Kursbuch für gesunde Ernährung
Heyne Verlag

Pahlow, Mannfried
Der große GU Ratgeber Heilpflanzen
Verlag Gräfe und Unzer

Ulrich, Jürgen Heinz.
Das Handbuch der modernen Pflanzen-
heilkunde
Verlag Bauer

Walker, Norman W.
Frische Fucht- und Gemüsesäfte
Verlag Waldthausen

Weiss, R.F.
Lehrbuch der Phytotherapie
Verlag Hippokrates

Wichtel, Max.
Teedrogen und Phytopharmaka.
Ein Handbuch für die Praxis auf
wissenschaftlicher Grundlage.
Wissenschaftliche Verlagsgemeinschaft
Stuttgart

Ferner:

Dieffenbach, Ruedi, Beerenkulturen,
Füllinsdorf

Eidg. Forschungsanstalt, Wädenswil

Fasel, P., Dr., Apotheker, Ebikon

Galenica, Schönbühl

Häberli, Obst- und Beerenzentrum,
Neukirch-Egnach

Schweiz. Zentralstelle für Gemüse,
J. Lüthi